Henri Bergson

L'Énergie
spirituelle

essai

ISBN : 978-1523955787

10 9 8 7 6 5 4 3 2 1

Henri Bergson

L'Énergie spirituelle

essai

Table de Matières

AVANT-PROPOS

Depuis longtemps nos amis voulaient bien nous engager à réunir en volume des études parues dans divers recueils et dont la plupart étaient devenues introuvables. Ils nous faisaient observer que plusieurs avaient été traduites et éditées séparément, dans divers pays, en forme de brochure : l'une d'elles (l'Introduction à la métaphysique) était maintenant à la disposition du public en sept ou huit langues différentes, mais non pas en français. Il y avait d'ailleurs, dans le nombre, des conférences données à l'étranger et qui n'avaient pas été publiées en France. Telle d'entre elles, faite en anglais, n'avait jamais paru dans notre langue.

Nous nous décidons à entreprendre la publication qu'on nous a si souvent conseillée en termes si bienveillants. Le recueil formera deux volumes. Dans le premier sont groupés des travaux qui portent sur des problèmes déterminés de psychologie et de philosophie. Tous ces problèmes se ramènent à celui de l'énergie spirituelle : tel est le titre que nous donnons au livre. Le second volume comprendra les essais relatifs à la méthode, avec une introduction qui indiquera les origines de cette méthode et la marche suivie dans les applications.

I. LA CONSCIENCE ET LA VIE

Conférence Huxley[1], faite à l'Université de Birmingham
le 29 mai 1911.

Quand la conférence qu'on doit faire est dédiée à la mémoire d'un savant, on peut se sentir gêné par l'obligation de traiter un sujet qui l'eût plus ou moins intéressé. Je n'éprouve aucun embarras de ce genre devant le nom de Huxley. La difficulté serait plutôt de trouver un problème qui eût laissé indifférent ce grand esprit, un des plus vastes que l'Angleterre ait produits au cours du siècle dernier. Il m'a paru toutefois que la triple question de la conscience, de la vie et de leur rapport, avait dû s'imposer avec une force particulière à la réflexion d'un naturaliste qui fut un philosophe ; et comme, pour ma part, je n'en connais pas de plus importante, c'est celle-là que j'ai choisie.

Henri Bergson

Mais, au moment d'attaquer le problème, je n'ose trop compter sur l'appui des systèmes philosophiques. Ce qui est troublant, angoissant, passionnant pour la plupart des hommes n'est pas toujours ce qui tient la première place dans les spéculations des métaphysiciens. D'où venons-nous ? que sommes-nous ? où allons-nous ? Voilà les questions vitales, devant lesquelles nous nous placerions tout de suite si nous philosophions sans passer par les systèmes. Mais, entre ces questions et nous, une philosophie trop systématique interpose d'autres problèmes. « Avant de chercher la solution, dit-elle, ne faut-il pas savoir comment on la cherchera ? Étudiez le mécanisme de votre pensée, discutez votre connaissance et critiquez votre critique : quand vous serez assurés de la valeur de l'instrument, vous verrez à vous en servir. » Hélas ! ce moment ne viendra jamais. Je ne vois qu'un moyen de savoir jusqu'où l'on peut aller : c'est de se mettre en route et de marcher. Si la connaissance que nous cherchons est réellement instructive, si elle doit dilater notre pensée, toute analyse préalable du mécanisme de la pensée ne pourrait que nous montrer l'impossibilité d'aller aussi loin, puisque nous aurions étudié notre pensée avant la dilatation qu'il s'agit d'obtenir d'elle. Une réflexion prématurée de l'esprit sur lui-même le découragera d'avancer, alors qu'en avançant purement et simplement il se fût rapproché du but et se fût aperçu, par surcroît, que les obstacles signalés étaient pour la plupart des effets de mirage. Mais supposons même que le métaphysicien ne lâche pas ainsi la philosophie pour la critique, la fin pour les moyens, la proie pour l'ombre. Trop souvent, quand il arrive devant le problème de l'origine, de la nature et de la destinée de l'homme, il passe outre pour se transporter à des questions qu'il juge plus hautes et d'où la solution de celle-là dépendrait : il spécule sur l'existence en général, sur le possible et sur le réel, sur le temps et sur l'espace, Sur la spiritualité et sur la matérialité ; puis il descend, de degré en degré, à la conscience et à la vie, dont il voudrait pénétrer l'essence. Mais qui ne voit que ses spéculations sont alors purement abstraites et qu'elles portent, non pas sur les choses mêmes, mais sur l'idée trop simple qu'il se fait d'elles avant de les avoir étudiées empiriquement ? On ne s'expliquerait pas l'attachement de tel ou tel philosophe à une méthode aussi étrange si elle n'avait le triple avantage de flatter son amour-propre, de faciliter

I. LA CONSCIENCE ET LA VIE

son travail, et de lui donner l'illusion de la connaissance définitive. Comme elle le conduit à quelque théorie très générale, à une
idée à peu près vide, il pourra toujours, plus tard, placer rétros-
pectivement dans l'idée tout ce que l'expérience aura enseigné de
la chose : il prétendra alors avoir anticipé sur l'expérience par la
seule force du raisonnement, avoir embrassé par avance dans une
conception plus vaste les conceptions plus restreintes en effet, mais
seules difficiles à former et seules utiles à conserver, auxquelles on
arrive par l'approfondissement des faits. Comme, d'autre part, rien
n'est plus aisé que de raisonner géométriquement, sur des idées
abstraites, il construit sans peine une doctrine où tout se tient, et
qui paraît s'imposer par sa rigueur. Mais cette rigueur vient de ce
qu'on a opéré sur une idée schématique et raide, au lieu de suivre
les contours sinueux et mobiles de la réalité. Combien serait pré-
férable une philosophie plus modeste, qui irait tout droit à l'objet
sans s'inquiéter desprincipes dont il paraît dépendre ! Elle n'ambi-
tionnerait plus une certitude immédiate, qui ne peut être qu'éphé-
mère. Elle prendrait son temps. Ce serait une ascension graduelle
à la lumière. Portés par une expérience de plus en plus vaste à des
probabilités de plus en plus hautes, nous tendrions, comme à une
limite, vers la certitude définitive.

J'estime, pour ma part, qu'il n'y a pas de principe d'où la solution
des grands problèmes puisse se déduire mathématiquement. Il est
vrai que je ne vois pas non plus de fait décisif qui tranche la question, comme il arrive en physique et en chimie. Seulement, dans
des régions diverses de l'expérience, je crois apercevoir des groupes
différents de faits, dont chacun, sans nous donner la connaissance
désirée, nous montre une direction où la trouver. Or, c'est quelque
chose que d'avoir une direction. Et c'est beaucoup que d'en avoir
plusieurs, car ces directions doivent converger sur un même point,
et ce point est justement celui que nous cherchons. Bref, nous possédons dès à présent un certain nombre de lignes de faits, qui ne
vont pas aussi loin qu'il faudrait, mais que nous pouvons prolon-
ger hypothétiquement. Je voudrais suivre avec vous quelques-unes
d'entre elles. Chacune, prise à part, nous conduira à une conclusion simplement probable ; mais toutes ensemble, par leur conver-
gence, nous mettront en présence d'une telle accumulation de
probabilités que nous nous sentirons, je l'espère, sur le chemin de

Henri Bergson

la certitude. Nous nous en rapprocherons d'ailleurs indéfiniment, par le commun effort des bonnes volontés associées. Car la philosophie ne sera plus alors une construction, œuvre systématique d'un penseur unique. Elle comportera, elle appellera sans cesse des additions, des corrections, des retouches. Elle progressera comme la science positive. Elle se fera, elle aussi, en collaboration.

Voici la première direction où nous nous engagerons. Qui dit esprit dit, avant tout, conscience. Mais, qu'est-ce que la conscience ? Vous pensez bien que je ne vais pas définir une chose aussi concrète, aussi constamment présente à l'expérience de chacun de nous. Mais sans donner de la conscience une définition qui serait moins claire qu'elle, je puis la caractériser par son trait le plus apparent : conscience signifie d'abord mémoire. La mémoire peut manquer d'ampleur ; elle peut n'embrasser qu'une faible partie du passé ; elle peut ne retenir que ce qui vient d'arriver ; mais la mémoire est là, ou bien alors la conscience n'y est pas. Une conscience qui ne conserverait rien de son passé, qui s'oublierait sans cesse elle-même, périrait et renaîtrait à chaque instant : comment définir autrement l'inconscience ? Quand Leibniz disait de la matière que c'est « un esprit instantané », ne la déclarait-il pas, bon gré, mal gré, insensible ? Toute conscience est donc mémoire — conservation et accumulation du passé dans le présent.

Mais toute conscience est anticipation de l'avenir. Considérez la direction de votre esprit à n'importe quel moment : vous trouverez qu'il s'occupe de ce qui est, mais en vue surtout de ce qui va être. L'attention est une attente, et il n'y a pas de conscience sans une certaine attention à la vie. L'avenir est là ; il nous appelle, ou plutôt il nous tire à lui : cette traction ininterrompue, qui nous faitavancer sur la route du temps, est cause aussi que nous agissons continuellement. Toute action est un empiétement sur l'avenir.

Retenir ce qui n'est déjà plus, anticiper sur ce qui n'est pas encore, voilà donc la première fonction de la conscience. Il n'y aurait pas pour elle de présent, si le présent se réduisait à l'instant mathématique. Cet instant n'est que la limite, purement théorique, qui sépare le passé de l'avenir ; il peut à la rigueur être conçu, il n'est jamais perçu ; quand nous croyons le surprendre, il est déjà loin de nous. Ce que nous percevons en fait, c'est une certaine épaisseur de durée qui se compose de deux parties : notre passé immédiat et notre avenir imminent. Sur ce passé nous sommes appuyés, sur cet avenir nous sommes penchés ; s'appuyer et se pencher ainsi est le propre d'un être conscient. Disons donc, si vous voulez, que la conscience est un trait d'union entre ce qui a été et ce qui sera, un pont jeté entre le passé et l'avenir. Mais à quoi sert ce pont, et qu'est-ce que la conscience est appelée à faire ?

Pour répondre à la question, demandons-nous quels sont les êtres conscients et jusqu'où le domaine de la conscience s'étend dans la nature. Mais n'exigeons pas ici l'évidence complète, rigoureuse, mathématique ; nous n'obtiendrions rien. Pour savoir de science certaine qu'un être est conscient, il faudrait pénétrer en lui, coïncider avec lui, être lui. Je vous défie de prouver, par expérience ou par raisonnement, que moi, qui vous parle en ce moment, je sois un être conscient. Je pourrais être un automate ingénieusement construit par la nature, allant, venant, discourant ; les paroles mêmes par lesquelles je me déclare conscient pourraient être prononcées inconsciemment. Toutefois, si la chose n'est pas impossible, vous m'avouerez qu'elle n'est guère probable. Entre vous et moi il y a une ressemblance extérieure évidente ; et de cette ressemblance extérieure vous concluez, par analogie, à une similitude interne. Le raisonnement par analogie ne donne jamais, je le veux bien, qu'une probabilité ; mais il y a une foule de cas où cette probabilité est assez haute pour équivaloir pratiquement à la certitude. Suivons donc le fil de l'analogie et cherchons jusqu'où la conscience s'étend, en quel point elle s'arrête.

On dit quelquefois : « La conscience est liée chez nous à un cerveau ; donc il faut attribuer la conscience aux êtres vivants qui ont un cerveau, et la refuser aux autres. » Mais vous apercevez tout de suite le vice de cette argumentation. En raisonnant de la même manière, on dirait aussi bien : « La digestion est liée chez nous à un estomac ; donc les êtres vivants qui ont un estomac digèrent, et les autres ne digèrent pas. » Or on se tromperait gravement, car il n'est pas nécessaire d'avoir un estomac, ni même d'avoir des organes, pour digérer : une amibe digère, quoiqu'elle ne soit qu'une masse protoplasmique à peine différenciée. Seulement, à mesure que le corps vivant se complique et se perfectionne, le travail se divise ;

aux fonctions diverses sont affectés des organes différents ; et la faculté de digérer se localise dans l'estomac et plus généralement dans un appareil digestif qui s'en acquitte mieux, n'ayant que cela à faire. De même, la conscience est incontestablement liée au cerveau chez l'homme : mais il ne suit pas de là qu'un cerveau soit indispensable à la conscience. Plus on descend dans la série animale, plus les centres nerveux se simplifient et se séparent les uns des autres ; finalement, les éléments nerveux disparaissent, noyés dans la masse d'un organisme moins différencié : ne devons-nous pas supposer que si, au sommet de l'échelle des êtres vivants, la conscience se fixait sur des centres nerveux très compliqués, elle accompagne le système nerveux tout le long de la descente, et que lorsque la substance nerveuse vient enfin se fondre dans une matière vivante encore indifférenciée, la conscience s'y éparpille elle-même, diffuse et confuse, réduite à «peu de chose, mais non pas tombée à rien ? Donc, à la rigueur, tout ce qui est vivant pourrait être conscient : en principe, la conscience est coextensive à la vie. Mais l'est-elle en fait ? Ne lui arrive-t-il pas de s'endormir ou de s'évanouir ? C'est probable, et voici une seconde ligne de faits qui nous acheminera à cette conclusion.

Chez l'être conscient que nous connaissons le mieux, c'est par l'intermédiaire d'un cerveau que la conscience travaille. Jetons donc un coup d'œil sur le cerveau humain, et voyons comment il fonctionne. Le cerveau fait partie d'un système nerveux qui comprend, outre le cerveau lui-même, une moelle, des nerfs, etc. Dans la moelle sont montés des mécanismes dont chacun contient, prête à se déclencher, telle ou telle action compliquée que le corps accomplira quand il le voudra ; c'est ainsi que les rouleaux de papier perforé, dont on munit un piano mécanique, dessinent par avance les airs que jouera l'instrument. Chacun de ces mécanismes peut être déclenché directement par une cause extérieure : le corps exécute alors tout de suite, comme réponse à l'excitation reçue, un ensemble de mouvements coordonnés entre eux. Mais il y a des cas où l'excitation, au lieu d'obtenir immédiatement une réaction plus ou moins compliquée du corps en s'adressant à la moelle, monte d'abord au cerveau, puis redescend, et ne fait jouer le mécanisme de la moelle qu'après avoir pris le cerveau pour intermédiaire. Pourquoi ce détour ? à quoi bon l'intervention du cerveau ? Nous

le devinerons sans peine si nous considérons la structure générale du système nerveux. Le cerveau est en relation avec les mécanismes de la moelle en général, et non pas seulement avec tel ou
tel d'entre eux ; il reçoit aussi des excitations de toute espèce, et non
pas seulement tel ou tel genre d'excitation. C'est donc un carrefour,
où l'ébranlement venu par n'importe quelle voie sensorielle peut
s'engager sur n'importe quelle voie motrice. C'est un commutateur,
qui permet de lancer le courant reçu d'un point de l'organisme
dans la direction d'un appareil de mouvement désigné à volonté.
Dès lors, ce que l'excitation va demander au cerveau quand elle fait
son détour, c'est évidemment d'actionner un mécanisme moteur
qui ait été choisi, et non plus subi. La moelle contenait un grand
nombre de réponses toutes faites à la question que les circonstances pouvaient poser ; l'intervention du cerveau fait jouer la plus
appropriée d'entre elles. Le cerveau est un organe de choix.

Or, à mesure que nous descendons le long de la série animale,
nous trouvons une séparation de moins en moins nette entre les
fonctions de la moelle et celles du cerveau. La faculté de choisir,
localisée d'abord dans le cerveau, s'étend progressivement à la
moelle, qui d'ailleurs construit alors un moins grand nombre de
mécanismes, et les monte sans doute aussi avec moins de précision.
Finalement, là où le système nerveux est rudimentaire, à plus forte
raison là où il n'y a plus d'éléments nerveux distincts, automatisme
et choix se fondent ensemble : la réaction se simplifie assez pour
paraître presque mécanique ; elle hésite et tâtonne pourtant encore, comme si elle restait volontaire. Rappelez-vous l'amibe dont
nous parlions tout à l'heure. En présence d'une substance dont elle
peut faire sa nourriture, elle lance hors d'elle des filaments capables
de saisir et d'englober les corps étrangers. Ces pseudopodes sont
des organes véritables, et par conséquent des mécanismes ; mais
ce sont des organes temporaires, créés pour la circonstance, et qui
manifestent déjà, semble-t-il, un rudiment de choix. Bref, de haut
en bas de la vie animale nous voyons s'exercer, quoique sous une
forme de plus en plus vague à mesure que nous descendons davantage, la faculté de choisir, c'est-à-dire de répondre à une excitation
déterminée par des mouvements plus ou moins imprévus. Voilà
ce que nous trouvons sur notre seconde ligne de faits. Ainsi se
complète la conclusion où nous arrivions d'abord ; car si, comme

nous le disions, la conscience retient le passé et anticipe l'avenir, c'est précisément, sans doute, parce qu'elle est appelée à effectuer un choix : pour choisir, il faut penser à ce qu'on pourra faire et se remémorer les conséquences, avantageuses ou nuisibles, de ce qu'on a déjà fait ; il faut prévoir et il faut se souvenir. Mais d'autre part notre conclusion, en se complétant, nous fournit une réponse plausible à la question que nous venons de poser : tous les êtres vivants sont-ils des êtres conscients, ou la conscience ne couvre-t-elle qu'une partie du domaine de la vie ?

Si, en effet, conscience signifie choix, et si le rôle de la conscience est de se décider, il est douteux qu'on rencontre la conscience dans des organismes qui ne se meuvent pas spontanément et qui n'ont pas de décision à prendre. À vrai dire, il n'y a pas d'être vivant qui paraisse tout à fait incapable de mouvement spontané. Même dans le monde végétal, où l'organisme est généralement fixé au sol, la faculté de se mouvoir est plutôt endormie qu'absente : elle se réveille quand elle peut se rendre utile. Je crois que tous les êtres vivants, plantes et animaux, la possèdent en droit ; mais beaucoup d'entre eux y renoncent en fait, — bien des animaux d'abord, surtout parmi ceux qui vivent en parasites sur d'autres organismes et qui n'ont pas besoin de se déplacer pour trouver leur nourriture, puis la plupart des végétaux : ceux-ci ne sont-ils pas, comme on l'a dit, parasites de la terre ? Il me paraît donc vraisemblable que la conscience, originellement immanente à tout ce qui vit, s'endort là où il n'y a plus de mouvement spontané, et s'exalte quand la vie appuie vers l'activité libre. Chacun de nous a d'ailleurs pu vérifier cette loi sur lui-même. Qu'arrive-t-il quand une de nos actions cesse d'être spontanée pour devenir automatique ? La conscience s'en retire. Dans l'apprentissage d'un exercice, par exemple, nous commençons par être conscients de chacun des mouvements que nous exécutons, parce qu'il vient de nous, parce qu'il résulte d'une décision et implique un choix ; puis, à mesure que ces mouvements s'enchaînent davantage entre eux et se déterminent plus mécaniquement les uns les autres, nous dispensant ainsi de nous décider et de choisir, la conscience que nous en avons diminue et disparaît. Quels sont, d'autre part, les moments où notre conscience atteint le plus de vivacité ? Ne sont-ce pas les moments de crise intérieure, où noushésitons entre deux ou plusieurs partis à prendre, où nous sentons que notre avenir sera ce que nous l'aurons fait ? Les variations d'intensité de notre conscience semblent donc bien correspondre à la somme plus ou moins considérable de choix ou, si vous voulez, de création, que nous distribuons sur notre conduite. Tout porte à croire qu'il en est ainsi de la conscience en général. Si conscience signifie mémoire et anticipation, c'est que conscience est synonyme de choix.

Représentons-nous alors la matière vivante sous sa forme élémentaire, telle qu'elle a pu s'offrir d'abord. C'est une simple masse de gelée protoplasmique, comme celle de l'amibe ; elle est déformable à volonté, elle est donc vaguement consciente. Maintenant, pour qu'elle grandisse et qu'elle évolue, deux voies s'ouvrent à elle. Elle peut s'orienter dans le sens du mouvement et de l'action — mouvement de plus en plus efficace, action de plus en plus libre : cela, c'est le risque et l'aventure, mais c'est aussi la conscience, avec ses degrés croissants de profondeur et d'intensité. Elle peut, d'autre part, abandonner la faculté d'agir et de choisir dont elle porte en elle l'ébauche, s'arranger pour obtenir sur place tout ce qu'il lui faut au lieu de l'aller chercher : c'est alors l'existence assurée, tranquille, bourgeoise, mais c'est aussi la torpeur, premier effet de l'immobilité ; c'est bientôt l'assoupissement définitif, c'est l'inconscience. Telles sont les deux voies qui s'offraient à l'évolution de la vie. La matière vivante s'est engagée en partie sur l'une, en partie sur l'autre. La première marque en gros la direction du monde animal (je dis « en gros », parce que bien des espèces animales renoncent au mouvement, et par là sans doute à la conscience) ; la seconde représente en gros celle des végétaux (je dis encore une fois « en gros », car la mobilité, et probablement aussi la conscience, peuvent se réveiller à l'occasion chez la plante).

Or, si nous considérons de ce biais la vie à son entrée dans le monde, nous la voyons apporter avec elle quelque chose qui tranche sur la matière brute. Le monde, laissé à lui-même, obéit à des lois fatales. Dans des conditions déterminées, la matière se comporte de façon déterminée, rien de ce qu'elle fait n'est imprévisible : si notre science était complète et notre puissance de calculer infinie, nous saurions par avance tout ce qui se passera dans l'univers matériel inorganisé, dans sa masse et dans ses éléments, comme nous prévoyons une éclipse de soleil ou de lune. Bref, la matière est inertie, géométrie, nécessité. Mais avec la vie apparaît le mouvement imprévisible et libre. L'être vivant choisit ou tend à choisir. Son rôle est de créer. Dans un monde où tout le reste est déterminé, une zone d'indétermination l'environne. Comme, pour créer l'avenir, il faut en préparer quelque chose dans le présent, comme la préparation de ce qui sera ne peut se faire que par l'utilisation de ce qui a été, la vie s'emploie dès le début à conserver le passé et à anticiper sur l'avenir dans une durée où passé, présent et avenir empiètent l'un sur l'autre et forment une continuité indivisée : cette mémoire et cette anticipation sont, comme nous l'avons vu, la conscience même. Et c'est pourquoi, en droit sinon en fait, la conscience est coextensive à la vie.

Conscience et matérialité se présentent donc comme des formes d'existence radicalement différentes, et même antagonistes, qui adoptent un *modus vivendi* et s'arrangent tant bien que mal entre elles. La matière est nécessité, la conscience est liberté ; mais elles ont beau s'opposer l'une à l'autre, la vie trouve moyen de les réconcilier. C'est que la vie est précisément la liberté s'insérant dans la nécessité et la tournant à son profit. Elle serait impossible, si le déterminisme auquel la matière obéit ne pouvait se relâcher de sa rigueur. Mais supposez qu'à certains moments, en certains points, la matière offre une certaine élasticité, là s'installera la conscience. Elle s'y installera en se faisant toute petite ; puis, une fois dans la place, elle se dilatera, arrondira sa part et finira par obtenir tout, parce qu'elle dispose du temps et parce que la quantité d'indétermination la plus légère, en s'additionnant indéfiniment avec elle-même, donnera autant de liberté qu'on voudra. — Mais nous allons retrouver cette même conclusion sur de nouvelles lignes de faits, qui nous la présenteront avec plus de rigueur.

Si nous cherchons, en effet, comment un corps vivant s'y prend pour exécuter des mouvements, nous trouvons que sa méthode est toujours la même. Elle consiste à utiliser certaines substances qu'on pourrait appeler explosives et qui, semblables à la poudre à canon, n'attendent qu'une étincelle pour détoner. Je veux parler des aliments, plus particulièrement des substances ternaires — hydrates de carbone et graisses. Une somme considérable d'énergie potentielle y est accumulée, prête à se convertir en mouvement. Cette énergie a été lentement, graduellement, empruntée au soleil par les plantes ; et l'animal qui se nourrit d'une plante, ou d'un animal qui s'est nourri d'une plante, ou d'un animal qui s'est nourri d'un animal qui s'est nourri d'une plante, etc., fait simplement passer dans son corps un explosif que la vie a fabriqué en emmagasinant de l'énergie solaire. Quand il exécute un mouvement, c'est qu'il libère l'énergie ainsi emprisonnée ; il n'a, pour cela, qu'à toucher un déclic, à frôler la détente d'un pistolet sans frottement, à appeler l'étincelle : l'explosif détone, et dans la direction choisie le mouvement s'accomplit. Si les premiers êtres vivants oscillèrent entre la vie végétale et la vie animale, c'est que la vie, à ses débuts, se chargeait à la fois de fabriquer l'explosif et de l'utiliser pour des mouvements. À mesure que végétaux et animaux se différenciaient, la vie se scindait en deux règnes, séparant ainsi l'une de l'autre les deux fonctions primitivement réunies. Ici elle se préoccupait davantage de fabriquer l'explosif, là de le faire détoner. Mais, qu'on l'envisage au début ou au terme de son évolution, toujours la vie dans son ensemble est un double travail d'accumulation graduelle et de dépense brusque : il s'agit pour elle d'obtenir que la matière, par une opération lente et difficile, emmagasine une énergie de puissance qui deviendra tout d'un coup énergie de mouvement. Or, comment procéderait autrement une cause libre, incapable de briser la nécessité à laquelle la matière est soumise, capable pourtant de la fléchir, et qui voudrait, avec la très petite influence dont elle dispose sur la matière, obtenir d'elle, dans une direction de mieux en mieux choisie, des mouvements de plus en plus puissants ? Elle s'y prendrait précisément de cette manière. Elle tâcherait de n'avoir qu'à faire jouer un déclic ou à fournir une étincelle, à utiliser instantanément une énergie que la matière aurait accumulée pendant tout le temps qu'il aurait fallu.

Mais nous arriverions à la même conclusion encore en suivant une troisième ligne de faits, en considérant, chez l'être vivant, la représentation qui précède l'acte, et non plus l'action même. À quel signe reconnaissons-nous d'ordinaire l'homme d'action, celui qui laisse sa marque sur les événements auxquels la fortune le mêle ? N'est-ce pas à ce qu'il embrasse une succession plus ou moins longue dans une vision instantanée ? Plus grande est la portion du passé qui tient dans son présent, plus lourde est la masse qu'il pousse dans l'avenir pour presser contre les éventualités qui se préparent : son action, semblable à une flèche, se décoche avec d'autant plus de force en avant que sa représentation était plus tendue vers l'arrière. Or, voyez comme notre conscience se comporte vis-à-vis de la matière qu'elle perçoit : justement, dans un seul de ses instants, elle embrasse des milliers de millions d'ébranlements qui sont successifs pour la matière inerte et dont le premier apparaîtrait au dernier, si la matière pouvait se souvenir, comme un passé infiniment lointain. Quand j'ouvre les yeux pour les refermer aussitôt, la sensation de lumière que j'éprouve, et qui tient dans un de mes moments, est la condensation d'une histoire extraordinairement longue qui se déroule dans le monde extérieur. Il y a là, se succédant les unes aux autres, des trillions d'oscillations, c'est-à-dire une série d'événements telle que si je voulais les compter, même avec la plus grande économie de temps possible, j'y mettrais des milliers d'années. Mais ces événements monotones et ternes, qui rempliraient trente siècles d'une matière devenue consciente d'elle-même, n'occupent qu'un instant de ma conscience à moi, capable de les contracter en une sensation pittoresque de lumière. On en dirait d'ailleurs autant de toutes les autres sensations. Placée au confluent de la conscience et de la matière, la sensation condense dans la durée qui nous est propre, et qui caractérise notre conscience, des périodes immenses de ce qu'on pourrait appeler, par extension, la durée des choses. Ne devons-nous pas croire, alors, que si notre perception contracte ainsi les événements de la matière, c'est pour que notre action les domine ? Supposons par exemple que la nécessité inhérente à la matière ne puisse être forcée, à chacun de ses instants, que dans des limites extrêmement restreintes : comment procéderait une conscience qui voudrait néanmoins insérer dans le monde matériel une action libre, ne fût-ce que celle qu'il faut pour faire jouer un déclic ou pour orienter un mouvement ? Ne s'arrangerait-elle pas précisément de cette manière ? Ne devrions-nous pas nous attendre à trouver, entre sa durée et celle des choses, une telle différence de tension que d'innombrables instants du monde matériel pussent tenir dans un instant unique de la vie consciente, de sorte que l'action voulue, accomplie par la conscience en un de ses moments, pût se répartir sur un nombre énorme de moments de la matière et sommer ainsi en elle les indéterminations quasi infinitésimales que chacun d'eux comporte ? En d'autres termes, la tension de la durée d'un être conscient ne mesurerait-elle pas précisément sa puissance d'agir, la quantité d'activité libre et créatrice qu'il peut introduire dans le monde ? je le crois, mais je n'insisterai pas là-dessus pour le moment. Tout ce que je veux dire est que cette nouvelle ligne de faits nous conduit au même point que la précédente. Que nous considérions l'acte décrété par la conscience, ou la perception qui le prépare, dans les deux cas la conscience nous apparaît comme une force qui s'insérerait dans la matière pour s'emparer d'elle et la tourner à son profit. Elle opère par deux méthodes complémentaires — d'un côté par une action explosive qui libère en un instant, dans la direction choisie, une énergie que la matière a accumulée pendant longtemps ; de l'autre, par un travail de contraction qui ramasse en cet instant unique le nombre incalculable de petits événements que la matière accomplit, et qui résume d'un mot l'immensité d'une histoire.

Plaçons-nous alors au point où ces diverses lignes de faits convergent. D'une part, nous voyons une matière soumise à la nécessité, dépourvue de mémoire ou n'en ayant que juste ce qu'il faut pour faire le pont entre deux de ses instants, chaque instant pouvant se déduire du précédent et n'ajoutant rien alors à ce qu'il y avait déjà dans le monde. D'autre part, la conscience, c'est-à-dire la mémoire avec la liberté, c'est-à-dire enfin une continuité de création dans une durée où il y a véritablement croissance — durée qui s'étire, durée où le passé se conserve indivisible et grandit comme une plante, comme une plante magique qui réinventerait à tout moment sa forme avec le dessin, de ses feuilles et de ses fleurs. Que d'ailleurs ces deux existences — matière et conscience — dérivent d'une source commune, cela ne me paraît pas douteux. J'ai essayé jadis de montrer que, si la première est l'inverse de la seconde, si la conscience est de l'action qui sans cesse se crée et s'enrichit tandis que la matière est de l'action qui se défait ou qui s'use, ni la matière ni la conscience ne s'expliquent par elles-mêmes. Je ne reviendrai pas là-dessus ; je me borne donc à vous dire que je vois dans l'évolution entière de la vie sur notre planète une traversée de la matière par la conscience créatrice, un effort pour libérer, à force d'ingéniosité et d'invention, quelque chose qui reste emprisonné chez l'animal et qui ne se dégage définitivement que chez l'homme.

Henri Bergson

Il est inutile d'entrer dans le détail des observations qui, depuis Lamarck et Darwin, sont venues confirmer de plus en plus l'idée d'une évolution des espèces, je veux dire de la génération des unes par les autres depuis les formes organisées les plus simples. Nous ne pouvons refuser notre adhésion à une hypothèse qui a pour elle le triple témoignage de l'anatomie comparée, de l'embryologie et de la paléontologie. La science a d'ailleurs montré par quels effets se traduit, tout le long de l'évolution de la vie, la nécessité pour les êtres vivants de s'adapter aux conditions qui leur sont faites. Mais cette nécessité paraît expliquer les arrêts de la vie à telles ou telles formes déterminées, et non pas le mouvement qui porte l'organisation de plus en plus haut. Un organisme rudimentaire est aussi bien adapté que le nôtre à ses conditions d'existence, puisqu'il réussit à y vivre : pourquoi donc la vie est-elle allée se compliquant, et se compliquant de plus en plus dangereusement ? Telle forme vivante, que nous observons aujourd'hui, se rencontrait dès les temps les plus reculés de l'ère paléozoïque ; elle a persisté, immuable, à travers les âges ; il n'était donc pas impossible à la vie de s'arrêter à une forme définitive. Pourquoi ne s'est-elle pas bornée à le faire, partout où c'était possible ? pourquoi a-t-elle marché ? pourquoi — si elle n'est pas entraînée par un élan, à travers des risques de plus en plus forts, vers une efficacité de plus en plus haute ?

Il est difficile de jeter un coup d'œil sur l'évolution de la vie sans avoir le sentiment que cette poussée intérieure est une réalité. Mais il ne faut pas croire qu'elle ait lancé la matière vivante dans une direction unique, ni que les diverses espèces représentent autant d'étapes le long d'une seule route, ni que le trajet se soit effectué sans encombre. Il est visible que l'effort a rencontré des résistances dans la matière qu'il utilisait ; il a dû se diviser en chemin, partager entre des lignes d'évolution différentes les tendances dont il était gros ; il a dévié, il a rétrogradé ; parfois il s'est arrêté net. Sur deux lignes seulement il a remporté un succès incontestable, succès partiel dans un cas, relativement complet dans l'autre ; je veux parler des arthropodes et des vertébrés. Au bout de la première ligne nous trouvons les instincts de l'insecte ; au bout de la seconde, l'intelligence humaine. Nous sommes donc autorisés à croire que la force qui évolue portait d'abord en elle, mais confondus ou plutôt impliqués l'un dans l'autre, instinct et intelligence.

I. LA CONSCIENCE ET LA VIE

Bref, les choses se passent comme si un immense courant de conscience, où s'entrepénétraient des virtualités de tout genre, avait traversé la matière pour l'entraîner à l'organisation et pour faire d'elle, quoiqu'elle soit la nécessité même, un instrument de liberté. Mais la conscience a failli être prise au piège. La matière s'enroule autour d'elle, la plie à son propre automatisme, l'endort dans sa propre inconscience. Sur certaines lignes d'évolution, celles du monde végétal en particulier, automatisme et inconscience sont la règle ; la liberté immanente à la force évolutive se manifeste encore, il est vrai, par la création de formes imprévues qui sont de véritables œuvres d'art ; mais ces imprévisibles formes, une fois créées, se répètent machinalement : l'individu ne choisit pas. Sur d'autres lignes, la conscience arrive à se libérer assez pour que l'individu retrouve un certain sentiment, et par conséquent une certaine latitude de choix ; mais les nécessités de l'existence sont là, qui font de la puissance de choisir un simple auxiliaire du besoin de vivre. Ainsi, de bas en haut de l'échelle de la vie, la liberté est rivée à une chaîne qu'elle réussit tout au plus à allonger. Avec l'homme seulement, un saut brusque s'accomplit ; la chaîne se brise. Le cerveau de l'homme a beau ressembler, en effet, à celui de l'animal : il a ceci de particulier qu'il fournit le moyen d'opposer à chaque habitude contractée une autre habitude et à tout automatisme un automatisme antagoniste. La liberté, se ressaisissant tandis que la nécessité est aux prises avec elle-même, ramène alors la matière à l'état d'instrument. C'est comme si elle avait divisé pour régner.

Que l'effort combiné de la physique et de la chimie aboutisse un jour à la fabrication d'une matière qui ressemble à la matière vivante, c'est probable : la vie procède par insinuation, et la force qui entraîna la matière hors du pur mécanisme n'aurait pas eu de prise sur cette matière si elle n'avait d'abord adopté ce mécanisme : telle, l'aiguille de la voie ferrée se colle le long du rail dont elle veut détacher le train. En d'autres termes, la vie s'installa, à ses débuts, dans un certain genre de matière qui commençait ou qui aurait pu commencer à se fabriquer sans elle. Mais là se fût arrêtée la matière si elle avait été laissée à elle-même ; et là s'arrêtera aussi, sans doute, le travail de fabrication de nos laboratoires. On imitera certains caractères de la matière vivante ; on ne lui imprimera pas l'élan en vertu duquel elle se reproduit et, au sens transformiste du mot, évolue. Or, cette reproduction et cette évolution sont la vie même. L'une et l'autre manifestent une poussée intérieure, le double besoin de croître en nombre et en richesse par multiplication dans l'espace et par complication dans le temps, enfin les deux instincts qui apparaissent avec la vie et qui seront plus tard les deux grands moteurs de l'activité humaine : l'amour et l'ambition. Visiblement une force travaille devant nous, qui cherche à se libérer de ses entraves et aussi à se dépasser elle-même, à donner d'abord tout ce qu'elle a et ensuite plus qu'elle n'a : comment définir autrement l'esprit ? et par où la force spirituelle, si elle existe, se distinguerait-elle des autres, sinon par la faculté de tirer d'elle-même plus qu'elle ne contient ? Mais il faut tenir compte des obstacles de tout genre que cette force rencontre sur son chemin. L'évolution de la vie, depuis ses origines jusqu'à l'homme, évoque à nos yeux l'image d'un courant de conscience qui s'engagerait dans la matière comme pour s'y frayer un passage souterrain, ferait des tentatives à droite et à gauche, pousserait plus ou moins avant, viendrait la plupart du temps se briser contre le roc, et pourtant, dans une direction au moins, réussirait à percer et reparaîtrait à la lumière. Cette direction est la ligne d'évolution qui aboutit à l'homme.

Mais pourquoi l'esprit s'est-il lancé dans l'entreprise ? quel intérêt avait-il à forer le tunnel ? Ce serait le cas de suivre plusieurs nouvelles lignes de faits, que nous verrions encore converger sur un seul point. Mais il faudrait entrer dans de tels détails sur la vie psychologique, sur la relation psychophysiologique, sur l'idéal moral et sur le progrès social, que nous ferons aussi bien d'aller tout droit à la conclusion. Mettons donc matière et conscience en présence l'une de l'autre : nous verrons que la matière est d'abord ce qui divise et ce qui précise. Une pensée, laissée à elle-même, offre une implication réciproque d'éléments dont on ne peut dire qu'ils soient un ou plusieurs : c'est une continuité, et dans toute continuité il y a de la confusion. Pour que la pensée devienne distincte, il faut bien qu'elle s'éparpille en mots : nous ne nous rendons bien compte de ce que nous avons dans l'esprit que lorsque nous avons pris une feuille de papier, et aligné les uns à côté des autres des termes qui s'entrepénétraient. Ainsi la matière distingue, sépare, résout en individualités et finalement en personnalités des tendances jadis confondues dans l'élan originel de la vie. D'autre part, la matière provoque et rend possible l'effort. La pensée qui n'est que pensée, l'œuvre d'art qui n'est que conçue, le poème qui n'est que rêvé, ne coûtent pas encore de la peine ; c'est la réalisation matérielle du poème en mots, de la conception artistique en statue ou tableau, qui demande un effort. L'effort est pénible, mais il est aussi précieux, plus précieux encore que l'œuvre où il aboutit, parce que, grâce à lui, on a tiré de soi plus qu'il n'y avait, on s'est haussé au-dessus de soi-même. Or, cet effort n'eût pas été possible sans la matière : par la résistance qu'elle oppose et par la docilité où nous pouvons l'amener, elle est à la fois l'obstacle, l'instrument et le stimulant ; elle éprouve notre force, en garde l'empreinte et en appelle l'intensification.

Les philosophes qui ont spéculé sur la signification de la vie et sur la destinée de l'homme n'ont pas assez remarqué que la nature a pris la peine de nous renseigner là-dessus elle-même. Elle nous avertit par un signe précis que notre destination est atteinte. Ce signe est la joie. Je dis la joie, je ne dis pas le plaisir. Le plaisir n'est qu'un artifice imaginé par la nature pour obtenir de l'être vivant la conservation de la vie ; il n'indique pas la direction où la vie est lancée. Mais la joie annonce toujours que la vie a réussi, qu'elle a gagné du terrain, qu'elle a remporté une victoire : toute grande joie a un accent triomphal. Or, si nous tenons compte de cette indication et si nous suivons cette nouvelle ligne de faits, nous trouvons que partout où il y a joie, il y a création : plus riche est la création, plus profonde est la joie. La mère qui regarde son enfant est joyeuse, parce qu'elle a conscience de l'avoir créé, physiquement et moralement. Le commerçant qui développe ses affaires, le chef d'usine qui voit prospérer son industrie, est-il joyeux en raison de l'argent qu'il gagne et de la notoriété qu'il acquiert ? Richesse et considération entrent évidemment pour beaucoup dans la satisfaction qu'il ressent, mais elles lui apportent des plaisirs plutôt que de la joie, et ce qu'il goûte de joie vraie est le sentiment d'avoir monté une entreprise qui marche, d'avoir appelé quelque chose à la vie. Prenez des joies exceptionnelles, celle de l'artiste qui a réalisé sa pensée, celle du savant qui a découvert ou inventé Vous entendrez dire que ces hommes travaillent pour la gloire et qu'ilstirent leurs joies les plus vives de l'admiration qu'ils inspirent. Erreur profonde ! On tient à l'éloge et aux honneurs dans l'exacte mesure où l'on n'est pas

Henri Bergson

sûr d'avoir réussi.

Il y a de la modestie au fond de la vanité. C'est pour se rassurer qu'on cherche l'approbation, et c'est pour soutenir la vitalité peut-être insuffisante de son œuvre qu'on voudrait l'entourer de la chaude admiration des hommes, comme on met dans du coton l'enfant né avant terme. Mais celui qui est sûr, absolument sûr, d'avoir produit une œuvre viable et durable, celui-là n'a plus que faire de l'éloge et se sent au-dessus de la gloire, parce qu'il est créateur, parce qu'il le sait, et parce que la joie qu'il en éprouve est une joie divine. Si donc, dans tous les domaines, le triomphe de la vie est la création, ne devons-nous pas supposer que la vie humaine a sa raison d'être dans une création qui peut, à la différence de celle de l'artiste et du savant, se poursuivre à tout moment chez tous les hommes : la création de soi par soi, l'agrandissement de la personnalité par un effort qui tire beaucoup de peu, quelque chose de rien, et ajoute sans cesse à ce qu'il y avait de richesse dans le monde ?

Vue du dehors, la nature apparaît comme une immense efflorescence d'imprévisible nouveauté ; la force qui l'anime semble créer avec amour, pour rien, pour le plaisir, la variété sans fin des espèces végétales et animales ; à chacune elle confère la valeur absolue d'une grande œuvre d'art ; on dirait qu'elle s'attache à la première venue autant qu'aux autres, autant qu'à l'homme. Mais la forme d'un vivant, une fois dessinée, se répète indéfiniment ; mais les actes de ce vivant, une fois accomplis, tendent à s'imiter eux-mêmes et à se recommencer automatiquement : automatisme et répétition, qui dominent partout ailleurs que chez l'homme, devraient nous avertir que nous sommes ici à des haltes, et que le piétinement sur place, auquel nous avons affaire, n'est pas le mouvement même de la vie. Le point de vue de l'artiste est donc important, mais non pas définitif. La richesse et l'originalité des formes marquent bien un épanouissement de la vie ; mais dans cet épanouissement, dont la beauté signifie puissance, la vie manifeste aussi bien un arrêt de son élan et une impuissance momentanée à pousser plus loin, comme l'enfant qui arrondit en volte gracieuse la fin de sa glissade.

Supérieur est le point de vue du moraliste. Chez l'homme seulement, chez les meilleurs d'entre nous surtout, le mouvement vital se poursuit sans obstacle, lançant à travers cette œuvre d'art qu'est le corps humain, et qu'il a créée au passage, le courant indéfiniment créateur de la vie morale. L'homme, appelé sans cesse à s'appuyer sur la totalité de son passé pour peser d'autant plus puissamment sur l'avenir, est la grande réussite de la vie. Mais créateur par excellence est celui dont l'action, intense elle-même, est capable d'intensifier aussi l'action des autres hommes, et d'allumer, généreuse, des foyers de générosité. Les grands hommes de bien, et plus particulièrement ceux dont l'héroïsme inventif et simple a frayé à la vertu des voies nouvelles, sont révélateurs de vérité métaphysique. Ils ont beau être au point culminant de l'évolution, ils sont le plus près des origines et rendent sensible à nos yeux l'impulsion qui vient du fond. Considérons-les attentivement, tâchons d'éprouver sympathiquement ce qu'ils éprouvent, si nous voulons pénétrer par un acte d'intuition jusqu'au principe même de la vie. Pour percer le mystère des profondeurs, il faut parfois viser les cimes. Le feu qui est au centre de la terre n'apparaît qu'au sommet des volcans.

Sur les deux grandes routes que l'élan vital a trouvées ouvertes devant lui, le long de la série des arthropodes et de celle des vertébrés, se développèrent dans des directions divergentes, disions-nous, l'instinct et l'intelligence, enveloppés d'abord confusément l'un dans l'autre. Au point culminant de la première évolution sont les insectes hyménoptères, à l'extrémité de la seconde est l'homme : de part et d'autre, malgré la différence radicale des formes atteintes et l'écart croissant des chemins parcourus, c'est à la vie sociale que l'évolution aboutit, comme si le besoin s'en était fait sentir dès le début, ou plutôt comme si quelque aspiration originelle et essentielle de la vie ne pouvait trouver que dans la société sa pleine satisfaction. La société, qui est la mise en commun des énergies individuelles, bénéficie des efforts de tous et rend à tous leur effort plus facile. Elle ne peut subsister que si elle se subordonne l'individu, elle ne peut progresser que si elle le laisse faire : exigences opposées, qu'il faudrait réconcilier. Chez l'insecte, la première condition est seule remplie. Les sociétés de fourmis et d'abeilles sont admirablement disciplinées et unies, mais figées dans une immuable routine. Si l'individu s'y oublie lui-même, la société oublie aussi sa destination ; l'un et l'autre, en état de somnambulisme, font et refont indéfiniment le tour du même cercle, au lieu de marcher, droit en avant, à une efficacité sociale plus grande et à une liberté individuelle plus complète. Seules, les sociétés humaines tiennent fixés devant leurs yeux les deux buts à atteindre. En lutte avec elles-mêmes et en guerre les unes avec les autres, elles cherchent visiblement, par le frottement et par le choc, à arrondir des angles, à user des antagonismes, à éliminer des contradictions, à faire que les volontés individuelles s'insèrent sans se déformer dans la volonté sociale et que les diverses sociétés entrent à leur tour, sans perdre leur originalité ni leur indépendance, dans une société plus vaste : spectacle inquiétant et rassurant, qu'on ne peut contempler sans se dire qu'ici encore, à travers des obstacles sans nombre, la vie travaille à individuer et à intégrer pour obtenir la quantité la plus grande, la variété la plus riche, les qualités les plus hautes d'invention et d'effort.

Si maintenant nous abandonnons cette dernière ligne de faits pour revenir à la précédente, si nous tenons compte de ce que l'activité mentale de l'homme déborde son activité cérébrale, de ce que le cerveau emmagasine des habitudes motrices mais non pas des souvenirs, de ce que les autres fonctions de la pensée sont encore plus indépendantes du cerveau que la mémoire, de ce que la conservation et même l'intensification de la personnalité sont dès lors possibles et même probables après la désintégration du corps, ne soupçonnerons-nous pas que, dans son passage à travers la matière qu'elle trouve ici-bas, la conscience se trempe comme de l'acier et se prépare à une action plus efficace, pour une vie plus intense ? Cette vie, je me la représente encore comme une vie de lutte et comme une exigence d'invention, comme une évolution créatrice : chacun de nous y viendrait, par le seul jeu des forces naturelles, prendre place sur celui des plans moraux où le haussaient déjà virtuellement ici-bas la qualité et la quantité de son effort, comme le ballon lâché de terre adopte le niveau que lui assignait sa densité. Ce n'est là, je le reconnais, qu'une hypothèse. Nous étions tout à l'heure dans la région du probable ; nous voici dans celle du simple possible. Avouons notre ignorance, mais ne nous résignons pas à la croire définitive. S'il y a pour les consciences un au-delà, je ne vois pas pourquoi nous ne découvririons pas le moyen de l'explorer. Rien de ce qui concerne l'homme ne saurait se dérober de parti pris à l'homme. Parfois d'ailleurs le renseignement que nous nous figurons très loin, à l'infini, est à côté de nous, attendant qu'il nous plaise de le cueillir. Rappelez-vous ce qui s'est passé pour un autre au-delà, celui des espaces ultra-planétaires. Auguste Comte déclarait à jamais inconnaissable la composition chimique des corps célestes. Quelques années après, on inventait l'analyse spectrale, et nous savons aujourd'hui, mieux que si nous y étions allés, de quoi sont faites les étoiles.

II. L'ÂME ET LE CORPS

Conférence faite à Foi et Vie, *le 28 avril 1912*[2]

Le titre de cette conférence est « L'âme et le corps », c'est-à-dire la matière et l'esprit, c'est-à-dire tout ce qui existe et même, s'il faut en croire une philosophie dont nous parlerons tout à l'heure, quelque chose aussi qui n'existerait pas. Mais rassurez-vous. Notre intention n'est pas d'approfondir la nature de la matière, pas plus d'ailleurs que la nature de l'esprit. On peut distinguer deux choses l'une de l'autre, et en déterminer jusqu'à un certain point les rapports, sans pour cela connaître la nature de chacune d'elles. Il m'est impossible, en ce moment, de faire connaissance avec toutes les personnes qui m'entourent ; je me distingue d'elles cependant, et je vois aussi quelle situation elles occupent par rapport à moi. Ainsi pour le corps et l'âme : définir l'essence de l'un et de l'autre est une entreprise qui nous mènerait loin ; mais il est plus aisé de savoir ce qui les unit et ce qui les sépare, car cette union et cette séparation sont des faits d'expérience.

D'abord, que dit sur ce point l'expérience immédiate et naïve du sens commun ? Chacun de nous est un corps, soumis aux mêmes lois que toutes les autres portions de matière. Si on le pousse, il avance ; si on le tire, il recule ; si on le soulève et qu'on l'abandonne, il retombe. Mais, à côté de ces mouvements qui sont provoqués mécaniquement par une cause extérieure, il en est d'autres qui semblent venir du dedans et qui tranchent sur les précédents par leur caractère imprévu : on les appelle « volontaires ». Quelle en est la cause ? C'est ce que chacun de nous désigne par les mots « je » ou « moi ». Et qu'est-ce que le *moi* ? Quelque chose qui paraît, à tort ou à raison, déborder de toutes parts le corps qui y est joint, le dépasser dans l'espace aussi bien que dans le temps. Dans l'espace d'abord, car le corps de chacun de nous s'arrête aux contours précis qui le limitent, tandis que par notre faculté de percevoir, et plus particulièrement de voir, nous rayonnons bien au-delà de notre corps : nous allons jusqu'aux étoiles. Dans le temps ensuite, car le corps est matière, la matière est dans le présent, et, s'il est vrai que le passé y laisse des traces, ce ne sont des traces de passé que pour une conscience qui les aperçoit et qui interprète ce qu'elle aperçoit à la lumière de ce qu'elle se remémore : la conscience, elle, retient ce passé, l'enroule sur lui-même au fur et à mesure que le temps se déroule, et prépare avec lui un avenir qu'elle contribuera à créer. Même, l'acte volontaire, dont nous parlions à l'instant, n'est pas autre chose qu'un ensemble de mouvements appris dans des expériences antérieures, et infléchis dans une direction chaque fois nouvelle par cette force consciente dont le rôle paraît bien être d'apporter sans cesse quelque chose de nouveau dans le monde. Oui, elle crée du nouveau en dehors d'elle, puisqu'elle dessine dans l'espace des mouvements imprévus, imprévisibles. Et elle crée aussi du nouveau à l'intérieur d'elle-même, puisque l'action volontaire réagit sur celui qui la veut, modifie dans une certaine mesure le caractère de la personne dont elle émane, et accomplit, par une espèce de miracle, cette création de soi par soi qui a tout l'air d'être l'objet même de la vie humaine. En résumé donc, à côté du corps qui est confiné au moment présent dans le temps et limité à la place qu'il occupe dans l'espace, qui se conduit en automate et réagit mécaniquement aux influences extérieures, nous saisissons quelque chose qui s'étend beaucoup plus loin que le corps dans l'espace et qui dure à travers le temps, quelque chose qui demande ou impose au corps des mouvements non plus automatiques et prévus, mais imprévisibles et libres : cette chose, qui déborde le corps de tous côtés et qui crée des actes en se créant à nouveau elle-même, c'est le « moi », c'est l' « âme », c'est l'esprit — l'esprit étant précisément une force qui peut tirer d'elle-même plus qu'elle ne contient, rendre plus qu'elle ne reçoit, donner plus qu'elle n'a. Voilà ce que nous croyons voir. Telle est l'apparence.

On nous dit : « Fort bien, mais ce n'est qu'une apparence. Regardez de plus près. Et écoutez parler la science. D'abord, vous reconnaîtrez bien vous-même que cette « âme » n'opère jamais devant vous sans un corps. Son corps l'accompagne de la naissance à la mort, et, à supposer qu'elle en soit réellement distincte, tout se passe comme si elle y était liée inséparablement. Votre conscience s'évanouit si vous respirez du chloroforme ; elle s'exalte si vous absorbez de l'alcool ou du café. Une intoxication légère peut donner lieu à des troubles déjà profonds de l'intelligence, de la sensibilité et de la volonté. Une intoxication durable, comme en laissent derrière elles certaines maladies infectieuses, produira l'aliénation. S'il est vrai qu'on ne trouve pas toujours, à l'autopsie, des lésions du cerveau chez les aliénés, du moins en rencontre-t-on souvent ; et, là où il n'y a pas de lésion visible, c'est sans doute une altération chimique des tissus qui a causé la maladie. Bien plus, la science localise en certaines circonvolutions précises du cerveau certaines fonctions déterminées de l'esprit, comme la faculté, dont vous parliez tout à l'heure, d'accomplir des mouvements volontaires. Des lésions de tel ou tel point de la zone rolandique, entre le lobe frontal et le lobe pariétal, entraînent la perte des mouvements du bras, de la jambe, de la face, de la langue. La mémoire même, dont vous faites une fonction essentielle de l'esprit, a pu être localisée en partie : au pied de la troisième circonvolution frontale gauche siègent les souvenirs des mouvements d'articulation de la parole ; dans une région intéressant la première et la deuxième circonvolutions temporales gauches se conserve la mémoire du son des mots ; à la partie postérieure de la deuxième circonvolution pariétale gauche sont déposées les images visuelles des mots et des lettres, etc. Allons plus loin. Vous disiez que, dans l'espace comme dans le temps, l'âme déborde le corps auquel elle est jointe. Voyons pour l'espace. Il est vrai que la vue et l'ouïe vont au-delà des limites du corps ; mais pourquoi ? Parce que des vibrations venues de loin ont impressionné l'œil et l'oreille, se sont transmises au cerveau ; là, dans le cerveau, l'excitation est devenue sensation auditive ou visuelle ; la perception est donc intérieure au corps et ne s'élargit pas. Arrivons au temps. Vous prétendez que l'esprit embrasse le passé, tandis que le corps est confiné dans un présent qui recommence sans cesse. Mais nous ne nous rappelons le passé que parce que notre corps en conserve la trace encore présente. Les impressions faites par les objets sur le cerveau y demeurent, comme des images sur une plaque sensibilisée ou des phonogrammes sur des disques phonographiques ; de même que le disque répète la mélodie quand on fait fonctionner

Henri Bergson

l'appareil, ainsi le cerveau ressuscite le souvenir quand l'ébranlement voulu se produit au point où l'impression est déposée. Donc, pas plus dans le temps que dans l'espace, l' « âme » ne déborde le corps… Mais y a-t-il réellement une âme distincte du corps ? Nous venons de voir que des changements se produisent sans cesse dans le cerveau, ou, pour parler plus précisément, des déplacements et des groupements nouveaux de molécules et d'atomes. Il en est qui se traduisent par ce que nous appelons des sensations, d'autres par des souvenirs ; il en est, sans aucun doute, qui correspondent à tous les faits intellectuels, sensibles et volontaires : la conscience s'y surajoute comme une phosphorescence ; elle est semblable à la trace lumineuse qui suit et dessine le mouvement de l'allumette qu'on frotte, dans l'obscurité, le long d'un mur. Cette phosphorescence, s'éclairant pour ainsi dire elle-même, crée de singulières illusions d'optique intérieure ; c'est ainsi que la conscience s'imaginemodifier, diriger, produire les mouvements dont elle n'est que le résultat ; en cela consiste la croyance à une volonté libre. La vérité est que si nous pouvions, à travers le crâne, voir ce qui se passe dans le cerveau qui travaille, si nous disposions, pour en observer l'intérieur, d'instruments capables de grossir des millions de millions de fois autant que ceux de nos microscopes qui grossissent le plus, si nous assistions ainsi à la danse des molécules, atomes et électrons dont l'écorce cérébrale est faite, et si, d'autre part, nous possédions la table de correspondance entre le cérébral et le mental, je veux dire le dictionnaire permettant de traduire chaque figure de la danse en langage de pensée et de sentiment, nous saurions aussi bien que la prétendue « âme » tout ce qu'elle pense, sent et veut, tout ce qu'elle croit faire librement alors qu'elle le fait mécaniquement. Nous le saurions même beaucoup mieux qu'elle, car cette soi-disant âme consciente n'éclaire qu'une petite partie de la danse intracérébrale, elle n'est que l'ensemble des feux follets qui voltigent au-dessus de tels ou tels groupements privilégiés d'atomes, au lieu que nous assisterions à tous les groupements de tous les atomes, à la danse intracérébrale tout entière. Votre « âme consciente » est tout au plus un effet qui aperçoit des effets : nous verrions, nous, les effets et les causes. »

Voilà ce qu'on dit quelquefois au nom de la science. Mais il est bien évident, n'est-ce pas ?, que si l'on appelle « scientifique » ce qui est observé ou observable, démontré ou démontrable, une conclusion comme celle qu'on vient de présenter n'a rien de scientifique, puisque, dans l'état actuel de la science, nous n'entrevoyons même pas la possibilité de la vérifier. On allègue, il est vrai, que la loi de conservation de l'énergie s'oppose à ce que la plus petite parcelle de force ou de mouvement se crée dans l'univers, et que, si les choses ne se passaient pas mécaniquement comme on vient de le dire, si une volonté efficace intervenait pour accomplir des actes libres, la loi de conservation de l'énergie serait violée. Mais raisonner ainsi est simplement admettre ce qui est en question ; car la loi de conservation de l'énergie, comme toutes les lois physiques, n'est que le résumé d'observations faites sur des phénomènes physiques ; elle exprime ce qui se passe dans un domaine où personne n'a jamais soutenu qu'il y eût caprice, choix ou liberté ; et il s'agit précisément de savoir si elle se vérifie encore dans des cas où la conscience (qui, après tout, est une faculté d'observation, et qui expérimente à sa manière), se sent en présence d'une activité libre. Tout ce qui s'offre directement aux sens ou à la conscience, tout ce qui est objet d'expérience, soit extérieur soit interne, doit être tenu pour réel tant qu'on n'a pas démontré que c'est une simple apparence. Or, il n'est pas douteux que nous nous sentions libres, que telle soit notre impression immédiate. À ceux qui soutiennent que ce sentiment est illusoire incombe donc l'obligation de la preuve. Et ils ne prouvent rien de semblable, puisqu'ils ne font qu'étendre arbitrairement aux actions volontaires une loi vérifiée dans des cas où la volonté n'intervient pas. Il est d'ailleurs bien possible que, si la volonté est capable de créer de l'énergie, la quantité d'énergie créée soit trop faible pour affecter sensiblement nos instruments de mesure : l'effet pourra néanmoins en être énorme, comme celui de l'étincelle qui fait sauter une poudrière. Je n'entrerai pas dans l'examen approfondi de ce point. Qu'il me suffise de dire que si l'on considère le mécanisme du mouvement volontaire en particulier, le fonctionnement du système nerveux en général, la vie elle-même enfin dans ce qu'elle a d'essentiel, on arrive à la conclusion que l'artifice constant de la conscience, depuis ses origines les plus humbles dans les formes vivantes les plus élémentaires, est de convertir à ses fins le déterminisme physique ou plutôt de tourner la loi de conservation de l'énergie, en obtenant de la matière

Henri Bergson

une fabrication toujours plus intense d'explosifs toujours mieux utilisables : il suffit alors d'une action extrêmement faible, comme celle d'un doigt qui presserait sans effort la détente d'un pistolet sans frottement, pour libérer au moment voulu, dans la direction choisie, une somme aussi grande que possible d'énergie accumulée. Le glycogène déposé dans les muscles est en effet un explosif véritable ; par lui s'accomplit le mouvement volontaire : fabriquer et utiliser des explosifs de ce genre semble être la préoccupation continuelle et essentielle de la vie, depuis sa première apparition dans des masses protoplasmiques déformables à volonté jusqu'à son complet épanouissement dans des organismes capables d'actions libres. Mais, encore une fois, je ne veux pas insister ici sur un point dont je me suis longuement occupé ailleurs. Je ferme donc la parenthèse que j'aurais pu me dispenser d'ouvrir, et je reviens à ce que je disais d'abord, à l'impossibilité d'appeler scientifique une thèse qui n'est ni démontrée ni même suggérée par l'expérience.

Que nous dit en effet l'expérience ? Elle nous montre que la vie de l'âme ou, si vous aimez mieux, la vie de la conscience, est liée à la vie du corps, qu'il y a solidarité entre elles, rien de plus. Mais ce point n'a jamais été contesté par personne, et il y a loin de là à soutenir que le cérébral est l'équivalent du mental, qu'on pourrait lire dans un cerveau tout ce qui se passe dans la conscience correspondante. Un vêtement est solidaire du clou auquel il est accroché ; il tombe si l'on arrache le clou ; il oscille si le clou remue il se troue, il se déchire si la tête du clou est trop pointue il ne s'ensuit pas que chaque détail du clou corresponde à un détail du vêtement, ni que le clou soit l'équivalent du vêtement ; encore moins s'ensuit-il que le clou et le vêtement soient la même chose. Ainsi, la conscience est incontestablement accrochée à un cerveau mais il ne résulte nullement de là que le cerveau dessine tout le détail de la conscience, ni que la conscience soit une fonction du cerveau. Tout ce que l'observation, l'expérience, et par conséquent la science nous permettent d'affirmer, c'est l'existence d'une certaine *relation* entre le cerveau et la conscience.

Quelle est cette relation ? Ah ! c'est ici que nous pouvons nous demander si la philosophie a bien donné ce qu'on était en droit d'attendre d'elle. À la philosophie incombe la tâche d'étudier la vie de l'âme dans toutes ses manifestations. Exercé à l'observation intérieure, le philosophe devrait descendre au-dedans de lui-même, puis, remontant à la surface, suivre le mouvement graduel par lequel la conscience se détend, s'étend, se prépare à évoluer dans l'espace. Assistant à cette matérialisation progressive, épiant les démarches par lesquelles la conscience s'extériorise, il obtiendrait tout au moins une intuition vague de ce que peut être l'insertion de l'esprit dans la matière, la relation du corps à l'âme. Ce ne serait sans doute qu'une première lueur, pas davantage. Mais cette lueur nous dirigerait parmi les faits innombrables dont la psychologie et la pathologie disposent. Ces faits, à leur tour, corrigeant et complétant ce que l'expérience interne aurait eu de défectueux ou d'insuffisant, redresseraient la méthode d'observation intérieure. Ainsi, par des allées et venues entre deux centres d'observation, l'un au-dedans, l'autre au-dehors, nous obtiendrions une solution de plus en plus approchée du problème — jamais parfaite, comme prétendent trop souvent l'être les solutions du métaphysicien, mais toujours perfectible, comme celles du savant. Il est vrai que du dedans serait venue la première impulsion, à la vision intérieure nous aurions demandé le principal éclaircissement ; et c'est pourquoi le problème resterait ce qu'il doit être, un problème de philosophie. Mais le métaphysicien ne descend pas facilement des hauteurs où il aime à se tenir. Platon l'invitait à se tourner vers le monde des Idées. C'est là qu'il s'installe volontiers, fréquentant parmi les purs concepts, les amenant à des concessions réciproques, les conciliant tant bien que mal les uns avec les autres, s'exerçant dans ce milieu distingué à une diplomatie savante. Il hésite à entrer en contact avec les faits, quels qu'ils soient, à plus forte raison avec des faits tels que les maladies mentales : il craindrait de se salir les mains. Bref, la théorie que la science était en droit d'attendre ici de la philosophie — théorie souple, perfectible, calquée sur l'ensemble des faits connus — la philosophie n'a pas voulu ou n'a pas su la lui donner.

Alors, tout naturellement, le savant s'est dit : « Puisque la philosophie ne me demande pas, avec faits et raisons à l'appui, de limiter de telle ou telle manière déterminée, sur tels et tels points déterminés, la correspondance supposée entre le mental et le cérébral, je vais faire provisoirement comme si la correspondance était parfaite et comme s'il y avait équivalence ou même identité. Moi, physiologiste, avec les méthodes dont je dispose observation et expérimentation purement extérieures je ne vois que le cerveau et je n'ai de prise que sur le cerveau, je vais donc procéder *comme* si la pensée n'était qu'une fonction du cerveau ; je marcherai ainsi avec d'autant plus d'audace, j'aurai d'autant plus de chances de m'avancer loin. Quand on ne connaît pas la limite de son droit, on le suppose d'abord sans limite ; il sera toujours temps d'en rabattre. » Voilà ce que s'est dit le savant ; et il s'en serait tenu là s'il avait pu se passer de philosophie.

Mais on ne se passe pas de philosophie ; et en attendant que les philosophes lui apportassent la théorie malléable, modelable sur la double expérience du dedans et du dehors, dont la science aurait eu besoin, il était naturel que le savant acceptât, des mains de l'ancienne métaphysique, la doctrine toute faite, construite de toutes pièces, qui s'accordait le mieux avec la règle de méthode qu'il avait trouvé avantageux de suivre. Il n'avait d'ailleurs pas le choix. La seule hypothèse précise que la métaphysique des trois derniers siècles nous ait léguée sur ce point est justement celle d'un parallélisme rigoureux entre l'âme et le corps, l'âme exprimant certains états du corps, ou le corps exprimant l'âme, ou l'âme et le corps étant deux traductions, en langues différentes, d'un original qui ne serait ni l'un ni l'autre : dans les trois cas, le cérébral équivaudrait exactement au mental. Comment la philosophie du XVIIe, siècle avait-elle été conduite à cette hypothèse ? Ce n'était certes pas par l'anatomie et la physiologie du cerveau, sciences qui existaient à peine ; et ce n'était pas davantage par l'étude de la structure, des fonctions et des lésions de l'esprit. Non, cette hypothèse avait été tout naturellement déduite des principes généraux d'une métaphysique qu'on avait conçue, en grande partie au moins, pour donner un corps aux espérances de la physique moderne. Les découvertes qui suivirent la Renaissance — principalement celles de Kepler et de Galilée — avaient révélé la possibilité de ramener les problèmes astronomiques et physiques à des problèmes de mécanique. De là l'idée de se représenter la totalité de l'univers matériel, inorganisé et organisé, comme une immense machine, soumise à des lois mathématiques. Dès lors les corps vivants en général, le corps de l'homme en particulier, devaient s'engrener dans la machine comme autant de rouages dans un mécanisme d'horlogerie ; aucun de nous ne pouvait rien faire qui ne fût déterminé par avance, calculable mathématiquement. L'âme humaine devenait ainsi incapable de créer ; il fallait, si elle existait, que ses états successifs se bornassent à traduire en langage de pensée et de sentiment les mêmes choses que son corps exprimait en étendue et en mouvement. Descartes, il est vrai, n'allait pas encore aussi loin : avec le sens qu'il avait des réalités, il préféra, dût la rigueur de la doctrine en souffrir, laisser un peu de place à la volonté libre. Et si, avec Spinoza et Leibniz, cette restriction disparut, balayée par la logique du système, si ces deux philosophes formulèrent dans toute sa rigueur l'hypothèse d'un parallélisme constant entre les états du corps et ceux de l'âme, du moins s'abstinrent-ils de faire de l'âme un simple reflet du corps ; ils auraient aussi bien dit que le corps était un reflet de l'âme. Mais ils avaient préparé les voies à un cartésianisme diminué, étriqué, d'après lequel la vie mentale ne serait qu'un aspect de la vie cérébrale, la prétendue « âme » se réduisant à l'ensemble de certains phénomènes cérébraux auxquels la conscience se surajouterait comme une lueur phosphorescente. De fait, à travers tout le XVIIIe siècle, nous pouvons suivre à la trace cette simplification progressive de la métaphysique cartésienne. À mesure qu'elle se rétrécit, elle s'infiltre davantage dans une physiologie qui, naturellement, y trouve une philosophie très propre à lui donner cette confiance en elle-même dont elle a besoin. Et c'est ainsi que des philosophes tels que Lamettrie, Helvétius, Charles Bonnet, Cabanis, dont les attaches avec le cartésianisme sont bien connues, ont apporté à la science du XIXe siècle ce qu'elle pouvait le mieux utiliser de la métaphysique du XVIIe. Alors, que des savants qui philosophent aujourd'hui sur la relation du psychique au physique se rallient à l'hypothèse du parallélisme, cela se comprend : les métaphysiciens ne leur ont guère fourni autre chose. Qu'ils préfèrent même la doctrine paralléliste à toutes celles qu'on pourrait obtenir par la même méthode de construction *a priori*, je l'admets encore : ils trouvent dans cette philosophie un encouragement à aller de l'avant. Mais que tel ou tel d'entre eux vienne nous dire que c'est là de la science, que c'est l'expérience qui nous révèle un parallélisme rigoureux et complet entre la vie cérébrale et la vie mentale, ah non ! nous l'arrêterons, et nous lui répondrons : vous pouvez sans doute, vous savant, soutenir cette thèse, comme le métaphysicien la soutient, mais ce n'est plus alors le savant en vous qui parle, c'est le métaphysicien. Vous nous rendez simplement ce que nous vous avons prêté. La doctrine que vous nous apportez, nous la connaissons : elle sort de nos ateliers ; c'est nous, philosophes, qui l'avons fabriquée ; et c'est de la vieille, très vieille marchandise. Elle n'en vaut pas moins, à coup sûr ; mais elle n'en est pas non plus meilleure. Donnez-la pour ce qu'elle est, et n'allez pas faire passer pour un résultat de la science, pour une théorie modelée sur les faits et capable de se remodeler sur eux, une doctrine qui a pu prendre, avant même l'éclosion de notre physiologie et de notre psychologie, la forme parfaite et définitive à laquelle se reconnaît une construction métaphysique.

Essaierons-nous alors de formuler la relation de l'activité mentale à l'activité cérébrale, telle qu'elle apparaîtrait si l'on écartait toute idée préconçue pour ne tenir compte que des faits connus ? Une formule de ce genre, nécessairement provisoire, ne pourra prétendre qu'à une plus ou moins haute probabilité. Du moins la probabilité sera-t-elle susceptible d'aller en croissant, et la formule de devenir de plus en plus précise à mesure que la connaissance des faits s'étendra.

Je vous dirai donc qu'un examen attentif de la vie de l'esprit et de son accompagnement physiologique m'amène à croire que le sens commun a raison, et qu'il y a infiniment plus, dans une conscience humaine, que dans le cerveau correspondant. Voici, en gros, la conclusion où j'arrive[3]. Celui qui pourrait regarder à l'intérieur d'un cerveau en pleine activité, suivre le va-et-vient des atomes et interpréter tout ce qu'ils font, celui-là saurait sans doute quelque chose de ce qui se passe dans l'esprit, mais il n'en saurait que peu de chose. Il en connaîtrait tout juste ce qui est exprimable en gestes, attitudes et mouvements du corps, ce que l'état d'âme contient d'action en voie d'accomplissement, ou simplement naissante : le reste lui échapperait. Il serait, vis-à-vis des pensées et des sentiments qui se déroulent à l'intérieur de la conscience, dans la situation du spectateur qui voit distinctement tout ce que les acteurs font sur la scène, mais n'entend pas un mot de ce qu'ils disent. Sans doute, le va-et-vient des acteurs, leurs gestes et leurs attitudes, ont leur raison d'être dans la pièce qu'ils jouent ; et si nous connaissons le texte, nous pouvons prévoir à peu près le geste ; mais la réciproque n'est pas vraie, et la connaissance des gestes ne nous renseigne que fort peu sur la pièce, parce qu'il y a beaucoup plus dans une fine comédie que les mouvements par lesquels on la scande. Ainsi, je crois que si notre science du mécanisme cérébral était parfaite, et parfaite aussi notre psychologie, nous pourrions deviner ce qui se passe dans le cerveau pour un état d'âme déterminé ; mais l'opération inverse serait impossible, parce que nous aurions le choix, pour un même état du cerveau, entre une foule d'états d'âme différents, également appropriés[4]. Je ne dis pas, notez-le bien, qu'un état d'âme *quelconque* puisse correspondre à un état cérébral donné : posez le cadre, vous n'y placerez pas n'importe quel tableau : le cadre détermine quelque chose du tableau en éliminant par avance tous ceux qui n'ont pas la même forme et la même dimension ; mais, pourvu que la forme et la dimension y soient, le tableau entrera dans le cadre. Ainsi pour le cerveau et la conscience. Pourvu que les actions relativement simples — gestes, attitudes, mouvements — en lesquels se dégraderait un état d'âme complexe, soient bien celles que le cerveau prépare, l'état mental s'insérera exactement dans l'état cérébral ; mais il y a une multitude de tableaux différents qui tiendraient aussi bien dans ce cadre ; et par conséquent le cerveau ne détermine pas la pensée ; et par conséquent la pensée, en grande partie du moins, est indépendante du cerveau.

L'étude des faits permettra de décrire avec une précision croissante cet aspect particulier de la vie mentale qui est seul dessiné, à notre avis, dans l'activité cérébrale. S'agit-il de la faculté de percevoir et de sentir ? Notre corps, inséré dans le monde matériel, reçoit des excitations auxquelles il doit répondre par des mouvements appropriés ; le cerveau, et d'ailleurs le système cérébro-spinal en général, préparent ces mouvements ; mais la perception est tout autre chose[5]. S'agit-il de la faculté de vouloir ? Le corps exécute des mouvements volontaires grâce à certains mécanismes, tout montés dans le système nerveux, qui n'attendent qu'un signal pour se déclencher ; le cerveau est le point d'où part le signal et même le déclenchement. La zone rolandique, où l'on a localisé le mouvement volontaire, est comparable en effet au poste d'aiguillage d'où l'employé lance sur telle ou telle voie le train qui arrive ; ou encore c'est un commutateur, par lequel une excitation extérieure donnée peut être mise en communication avec un dispositif moteur pris à volonté ; mais à côté des organes du mouvement et de l'organe du choix, il y a autre chose, il y a le choix lui-même. S'agit-il enfin de la pensée ? Quand nous pensons, il est rare que nous ne nous parlions pas à nous-mêmes : nous esquissons ou préparons, si nous ne les accomplissons pas effectivement, les mouvements d'articulation par lesquels s'exprimerait notre pensée ; et quelque chose s'en doit déjà dessiner dans le cerveau. Mais là ne se borne pas, croyons-nous, le mécanisme cérébral de la pensée : derrière les mouvements intérieurs d'articulation, qui ne sont d'ailleurs pas indispensables, il y a quelque chose de plus subtil, qui est essentiel. Je veux parler de ces mouvements naissants qui indiquent symboliquement toutes les directions successives de l'esprit. Remarquez que la pensée réelle, concrète, vivante, est chose dont les psychologues nous ont fort peu parlé jusqu'ici, parce qu'elle offre malaisément prise à l'observation intérieure. Ce qu'on étudie d'ordinaire sous ce nom est moins la pensée même qu'une imitation artificielle obtenue en composant ensemble des images et des idées. Mais avec des images, et même avec des idées, vous ne reconstituerez pas de la pensée, pas plus qu'avec des positions vous ne ferez du mouvement. L'idée est un arrêt de la pensée ; elle naît quand la pensée, au lieu de continuerson chemin, fait une pause ou revient sur elle-même : telle, la chaleur surgit dans la balle qui rencontre l'obstacle. Mais, pas plus que la chaleur ne préexistait dans la balle, l'idée ne faisait partie intégrante de la pensée. Essayez, par exemple, en mettant bout à bout les idées de *chaleur*, de *production*, de *balle*, et en intercalant les idées *d'intériorité* et de *réflexion* impliquées dans les mots « dans » et « soi », de reconstituer la pensée que je viens d'exprimer par cette phrase ; « la chaleur se produit dans la balle ». Vous verrez que c'est impossible, que la pensée était un mouvement indivisible, et que les idées correspondant à chacun des mots sont simplement les représentations qui surgiraient dans l'esprit à chaque instant du mouvement de la pensée si la pensée s'arrêtait ; mais elle ne s'arrête pas. Laissez donc de côté les reconstructions artificielles de la pensée ; considérez la pensée même ; vous y trouverez moins des états que des directions, et vous verrez qu'elle est essentiellement un changement continuel et continu de direction intérieure, lequel tend sans cesse à se traduire par des changements de direction extérieure, je veux dire par des actions et des gestes capables de dessiner dans l'espace et d'exprimer métaphoriquement, en quelque sorte, les allées et venues de l'esprit. De ces mouvements esquissés, ou même simplement préparés, nous ne nous apercevons pas, le plus souvent, parce que nous n'avons aucun intérêt à les connaître ; mais force nous est bien de les remarquer quand nous serrons de près notre pensée pour la saisir toute vivante et pour la faire passer, vivante encore, dans l'âme d'autrui. Les mots auront beau alors être choisis comme il faut, ils ne diront pas ce que nous voulons leur faire dire si le rythme, la ponctuation et toute la chorégraphie du discours ne les aident pas à obtenir du lecteur, guidé alors par une série de mouvements naissants, qu'il décrive une courbe de pensée et de sentiment analogue à celle que nous décrivons nous-mêmes. Tout l'art d'écrire est là. C'est quelque chose comme l'art du musicien ; mais ne croyez pas que la musique dont il s'agit ici s'adresse simplement à l'oreille, comme on se l'imagine d'ordinaire. Une oreille étrangère, si habituée qu'elle puisse être à la musique, ne fera pas de différence entre la prose française que nous trouvons musicale et celle qui ne l'est pas, entre ce qui est parfaitement écrit en français et ce qui ne l'est qu'approximativement : preuve évidente qu'il s'agit de tout autre chose que d'une harmonie matérielle des sons. En réalité, l'art de l'écrivain consiste surtout à nous faire oublier qu'il emploie des mots. L'harmonie qu'il cherche est une certaine correspondance entre les allées et venues de son esprit et celles de son discours, correspondance si parfaite que, portées par la phrase, les ondulations de sa pensée se communiquent à la nôtre et qu'alors chacun des mots, pris individuellement, ne compte plus : il n'y a plus rien que le sens mouvant qui traverse les mots, plus rien que deux esprits qui semblent vibrer directement, sans intermédiaire, à l'unisson l'un de l'autre. Le rythme de la parole n'a donc d'autre objet que de reproduire le rythme de la pensée ; et que peut être le rythme de la pensée sinon celui des mouvements naissants, à peine conscients, qui l'accompagnent ? Ces mouvements, par lesquels la pensée s'extérioriserait en actions, doivent être préparés et comme préformés dans le cerveau. C'est cet accompagnement moteur de la pensée que nous apercevrions sans doute si nous pouvions pénétrer dans un cerveau qui travaille, et non pas la pensée même.

En d'autres termes, la pensée est orientée vers l'action ; et, quand elle n'aboutit pas à une action réelle, elle esquisse une ou plusieurs actions virtuelles, simplement possibles. Ces actions réelles ou virtuelles, qui sont la projection diminuée et simplifiée de la pensée dans l'espace et qui en marquent les articulations motrices, sont ce qui en est dessiné dans la substance cérébrale. La relation du cerveau à la pensée est donc complexe et subtile. Si vous me demandiez de l'exprimer dans une formule simple, nécessairement grossière, je dirais que le cerveau est un organe de pantomime, et de pantomime seulement. Son rôle est de mimer la vie de l'esprit, de mimer aussi les situations extérieures auxquelles l'esprit doit s'adapter. L'activité cérébrale est à l'activité mentale ce que les mouvements du bâton du chef d'orchestre sont à la symphonie. La symphonie dépasse de tous côtés les mouvements qui la scandent ; la vie de l'esprit déborde de même la vie cérébrale. Mais le cerveau, justement parce qu'il extrait de la vie de l'esprit tout ce qu'elle a de jouable en mouvement et de matérialisable, justement parce qu'il constitue ainsi le point d'insertion de l'esprit dans la matière, assure à tout instant l'adaptation de l'esprit aux circonstances, maintient sans cesse l'esprit en contact avec des réalités. Il n'est donc pas, à proprement parler, organe de pensée, ni de sentiment, ni de conscience ; mais il fait que conscience, sentiment et pensée restent tendus sur la vie réelle et par conséquent capables d'action efficace. Disons, si vous voulez, que le cerveau est l'organe de *l'attention à la vie*.

C'est pourquoi il suffira d'une légère modification de la substance cérébrale pour que l'esprit tout entier paraisse atteint. Nous parlions de l'effet de certains toxiques sur la conscience, et plus généralement de l'influence de la maladie cérébrale sur la vie mentale. En pareil cas, est-ce l'esprit même qui est dérangé, ou ne serait-ce pas plutôt le mécanisme de l'insertion de l'esprit dans les choses ? Quand un fou déraisonne, son raisonnement peut être en règle avec la plus stricte logique : vous diriez, en entendant parler tel ou tel persécuté, que c'est par excès de logique qu'il pèche. Son tort n'est pas de raisonner mal, mais de raisonner à côté de la réalité, en dehors de la réalité, comme un homme qui rêve. Supposons, comme cela paraît vraisemblable, que la maladie soit causée par une intoxication de la substance cérébrale. Il ne faut pas croire que le poison soit allé chercher le raisonnement dans telles ou telles cellules du cerveau, ni par conséquent qu'il y ait, en tels ou tels points du cerveau, des mouvements d'atomes qui correspondent au raisonnement. Non, il est probable que c'est le cerveau tout entier qui est atteint, de même que c'est la corde tendue tout entière qui se détend, et non pas telle ou telle de ses parties, quand le nœud a été mal fait. Mais, de même qu'il suffit d'un très faible relâchement de l'amarre pour que le bateau se mette à danser sur la vague, ainsi une modification même légère de la substance cérébrale tout entière pourra faire que l'esprit, perdant contact avec l'ensemble des choses matérielles auxquelles il est ordinairement appuyé, sente la réalité se dérober sous lui, titube, et soit pris de vertige. C'est bien, en effet, par un sentiment comparable à la sensation de vertige que la folie débute dans beaucoup de cas. Le malade est désorienté. Il vous dira que les objets matériels n'ont plus pour lui la solidité, le relief, la réalité d'autrefois. Un relâchement de la tension, ou plutôt de l'attention, avec laquelle l'esprit se fixait sur la partie du monde matériel à laquelle il avait affaire, voilà en effet le seul résultat direct du dérangement cérébral — le cerveau étant l'ensemble des dispositifs qui permettent à l'esprit de répondre à l'action des choses par des réactions motrices, effectuées ou simplement naissantes, dont la justesse assure la parfaite insertion de l'esprit dans la réalité.

Telle serait donc, en gros, la relation de l'esprit au corps. Il m'est impossible d'énumérer ici les faits et les raisons sur lesquels cette conception se fonde. Et pourtant je ne puis vous demander de me croire sur parole. Comment faire ? Il y aurait d'abord un moyen, semble-t-il, d'en finir rapidement avec la théorie que je combats : ce serait de montrer que l'hypothèse d'une équivalence entre le cérébral et le mental est contradictoire avec elle-même quand on la prend dans toute sa rigueur, qu'elle nous demande d'adopter en même temps deux points de vue opposés et d'employer simultanément deux systèmes de notation qui s'excluent. J'ai tenté cette démonstration autrefois ; mais, quoiqu'elle soit bien simple, elle exige certaines considérations préliminaires sur le réalisme et l'idéalisme, dont l'exposé nous entraînerait trop loin[6]. Je reconnais d'ailleurs qu'on peut s'arranger de manière à donner à la théorie de l'équivalence une apparence d'intelligibilité, dès qu'on cesse de la pousser dans le sens matérialiste. D'autre part, si le raisonnement pur suffit à nous montrer que cette théorie est à rejeter, il ne nous dit pas, il ne peut pas nous dire ce qu'il faut mettre à la place. De sorte qu'en définitive c'est à l'expérience que nous devons nous adresser, ainsi que nous le faisions prévoir. Mais comment passer en revue les états normaux et pathologiques dont il y aurait à tenir compte ? Les examiner tous est impossible ; approfondir tels ou tels d'entre eux serait encore trop long. Je ne vois qu'un moyen de sortir d'embarras : c'est de prendre, parmi tous les faits connus, ceux qui semblent le plus favorables à la thèse du parallélisme — les seuls, à vrai dire, où la thèse ait paru trouver un commencement de vérification —, les faits de mémoire. Si nous pouvions alors indiquer en deux mots, fût-ce d'une manière imparfaite et grossière, comment un examen approfondi de ces faits aboutirait à infirmer la théorie qui les invoque et à confirmer celle que nous proposons, ce serait déjà quelque chose. Nous n'aurions pas la démonstration complète, tant s'en faut ; nous saurions du moins où il faut la chercher. C'est ce que nous allons faire.

La seule fonction de la pensée à laquelle on ait pu assigner une place dans le cerveau est en effet la mémoire — plus précisément la mémoire des mots. Je rappelais, au début de cette conférence, comment l'étude des maladies du langage a conduit à localiser dans telles ou telles circonvolutions du cerveau telles ou telles formes de la mémoire verbale. Depuis Broca, qui avait montré comment l'oubli des mouvements d'articulation de la parole pouvait résulter d'une lésion de la troisième circonvolution frontale gauche, une théorie de plus en plus compliquée de l'aphasie et de ses conditions cérébrales s'est édifiée laborieusement. Sur cette théorie nous aurions d'ailleurs beaucoup à dire. Des savants d'une compétence indiscutable la combattent aujourd'hui, en s'appuyant sur une observation plus attentive des lésions cérébrales qui accompagnent les maladies du langage. Nous-même, il y aura bientôt vingt ans de cela (si nous rappelons le fait, ce n'est pas pour en tirer vanité, c'est pour montrer que l'observation intérieure peut l'emporter sur des méthodes qu'on croit plus efficaces), nous avions soutenu que la doctrine alors considérée comme intangible aurait tout au moins besoin d'un remaniement. Mais peu importe ! Il y a un point sur lequel tout le monde s'accorde, c'est que les maladies de la mémoire des mots sont causées par des lésions du cerveau plus ou moins nettement localisables. Voyons donc comment ce résultat est interprété par la doctrine qui fait de la pensée une fonction du cerveau, et plus généralement par ceux qui croient à un parallélisme ou à une équivalence entre le travail du cerveau et celui de la pensée.

Rien de plus simple que leur explication. Les souvenirs sont là, accumulés dans le cerveau sous forme de modifications imprimées à un groupe d'éléments anatomiques : s'ils disparaissent de la mémoire, c'est que les éléments anatomiques où ils reposent sont altérés ou détruits. Nous parlions tout à l'heure de clichés, de phonogrammes : telles sont les comparaisons qu'on trouve dans toutes les explications cérébrales de la mémoire ; les impressions faites par des objets extérieurs subsisteraient dans le cerveau, comme sur la plaque sensibilisée ou sur le disque phonographique. À y regarder de près, on verrait combien ces comparaisons sont décevantes. Si vraiment mon souvenir visuel d'un objet, par exemple, était une impression laissée par cet objet sur mon cerveau, je n'aurais jamais le souvenir d'un objet, j'en aurais des milliers, j'en aurais des millions ; car l'objet le plus simple et le plus stable change de forme, de dimension, de nuance, selon le point d'où je l'aperçois : à moins donc que je me condamne à une fixité absolue en le regardant, à moins que mon œil s'immobilise dans son orbite, des images innombrables, nullement superposables, se dessineront tour à tour sur ma rétine et se transmettront à mon cerveau. Que sera-ce, s'il s'agit de l'image visuelle d'une personne, dont la physionomie change, dont le corps est mobile, dont le vêtement et l'entourage sont différents chaque fois que je la revois ? Et pourtant il est incontestable que ma conscience me présente une image unique, ou peu s'en faut, un souvenir pratiquement invariable de l'objet ou de la personne : preuve évidente qu'il y a eu tout autre chose ici qu'un enregistrement mécanique. J'en dirais d'ailleurs autant du souvenir auditif. Le même mot articulé, par des personnes différentes, ou par la même personne à des moments différents, dans des phrases différentes, donne des phonogrammes qui ne coïncident pas entre eux : comment le souvenir, relativement invariable et unique, du son du mot serait-il comparable à un phonogramme ? Cette seule considération suffirait déjà à nous rendre suspecte la théorie qui attribue les maladies de la mémoire des mots à une altération ou à une destruction des souvenirs eux-mêmes, enregistrés automatiquement par l'écorce cérébrale.

Henri Bergson

Mais voyons ce qui se passe dans ces maladies. Là où la lésion cérébrale est grave, et où la mémoire des mots est atteinte profondément, il arrive qu'une excitation plus ou moins forte, une émotion par exemple, ramène tout à coup le souvenir qui paraissait à jamais perdu. Serait-ce possible, si le souvenir avait été déposé dans la matière cérébrale altérée ou détruite ? Les choses se passent bien plutôt comme si le cerveau servait à *rappeler* le souvenir, et non pas à le conserver. L'aphasique devient incapable de retrouver le mot quand il en a besoin ; il semble tourner tout autour, n'avoir pas la force voulue pour mettre le doigt au point précis qu'il faudrait toucher ; dans le domaine psychologique, en effet, le signe extérieur de la force est toujours la précision. Mais le souvenir paraît bien être là : parfois, ayant remplacé par des périphrases le mot qu'il croit disparu, l'aphasique fera entrer dans l'une d'elles le mot lui-même. Ce qui faiblit ici, c'est cet *ajustement à la situation* que le mécanisme cérébral doit assurer. Plus spécialement, ce qui est atteint, c'est la faculté de rendre le souvenir conscient en esquissant d'avance les mouvements par lesquels le souvenir, s'il était conscient, se prolongerait en acte. Quand nous avons oublié un nom propre, comment nous y prenons-nous pour le rappeler ? Nous essayons de toutes les lettres de l'alphabet l'une après l'autre ; nous les prononçons intérieurement d'abord ; puis, si cela ne suffit pas, nous les articulons tout haut ; nous nous plaçons donc, tour à tour, dans toutes les diverses dispositions motrices entre lesquelles il faudra choisir ; une fois que l'attitude voulue est trouvée, le son du mot cherché s'y glisse comme dans un cadre préparé à le recevoir. C'est cette mimique réelle ou virtuelle, effectuée ou esquissée, que le mécanisme cérébral doit assurer. Et c'est elle, sans doute, que la maladie atteint.

Réfléchissez maintenant à ce qu'on observe dans l'aphasie progressive, c'est-à-dire dans les cas où l'oubli des mots va toujours s'aggravant. En général, les mots disparaissent alors dans un ordre déterminé, comme si la maladie connaissait la grammaire : les noms propres s'éclipsent les premiers, puis les noms communs, ensuite les adjectifs, enfin les verbes. Voilà qui paraîtra, au premier abord, donner raison à l'hypothèse d'une accumulation des souvenirs dans la substance cérébrale. Les noms propres, les noms communs, les adjectifs, les verbes, constitueraient autant de couches superposées, pour ainsi dire, et la lésion atteindrait ces couches l'une après l'autre. Oui, mais la maladie peut tenir aux causes les plus diverses, prendre les formes les plus variées, débuter en un point quelconque de la région cérébrale intéressée et progresser dans n'importe quelle direction : l'ordre de disparition des souvenirs reste le même. Serait-ce possible, si c'était aux souvenirs eux-mêmes que la maladie s'attaquait ? Le fait doit donc s'expliquer autrement. Voici l'interprétation très simple que je vous propose. D'abord, si les noms propres disparaissent avant les noms communs, ceux-ci avant les adjectifs, les adjectifs avant les verbes, c'est qu'il est plus difficile de se rappeler un nom propre qu'un nom commun, un nom commun qu'un adjectif, un adjectif qu'un verbe : la fonction de rappel, à laquelle le cerveau prête évidemment son concours, devra donc se limiter à des cas de plus en plus faciles à mesure que la lésion du cerveau s'aggravera. Mais d'où vient la plus ou moins grande difficulté du rappel ? Et pourquoi les verbes sont-ils, de tous les mots, ceux que nous avons le moins de peine à évoquer ? C'est tout simplement que les verbes expriment des actions, et qu'une action peut être mimée. Le verbe est mimable directement, l'adjectif ne l'est que par l'intermédiaire du verbe qu'il enveloppe, le substantif par le double intermédiaire de l'adjectif qui exprime un de ses attributs et du verbe impliqué dans l'adjectif, le nom propre par le triple intermédiaire du nom commun, de l'adjectif et du verbe encore ; donc, à mesure que nous allons du verbe au nom propre, nous nous éloignons davantage de l'action tout de suite imitable, jouable par le corps ; un artifice de plus en plus compliqué devient nécessaire pour symboliser en mouvement l'idée exprimée par le mot qu'on cherche ; et comme c'est au cerveau qu'incombe la tâche de préparer ces mouvements, comme son fonctionnement est d'autant plus diminué, réduit, simplifié sur ce point que la région intéressée est lésée plus profondément, il n'y a rien d'étonnant à ce qu'une altération ou une destruction des tissus, qui rend impossible l'évocation des noms propres ou des noms communs, laisse subsister celle du verbe. Ici, comme ailleurs, les faits nous invitent à voir dans l'activité cérébrale un extrait mimé de l'activité mentale, et non pas un équivalent de cette activité.

Mais, si le souvenir n'a pas été emmagasiné par le cerveau, où donc se conserve-t-il ? — À vrai dire, je ne suis pas sûr que la question

« où » ait encore un sens quand on ne parle plus d'un corps. Des clichés photographiques se conservent dans une boîte, des disques phonographiques dans des casiers ; mais pourquoi des souvenirs, qui ne sont pas des choses visibles et tangibles, auraient-ils besoin d'un contenant, et comment pourraient-ils en avoir ? J'accepterai cependant si vous y tenez, mais en la prenant dans un sens purement métaphorique, l'idée d'un contenant où les souvenirs seraient logés, et je dirai alors tout bonnement qu'ils sont dans l'esprit. Je ne fais pas d'hypothèse, je n'évoque pas une entité mystérieuse, je m'en tiens à l'observation, car il n'y a rien de plus immédiatement donné, rien de plus évidemment réel que la conscience, et l'esprit humain est la conscience même. Or, conscience signifie avant tout mémoire. En ce moment je cause avec vous, je prononce le mot « causerie ». Il est clair que ma conscience se représente ce mot tout d'un coup ; sinon, elle n'y verrait pas un mot unique, elle ne lui attribuerait pas un sens. Pourtant, lorsque j'articule la dernière syllabe du mot, les deux premières ont été articulées déjà ; elles sont du passé par rapport à celle-là, qui devrait alors s'appeler du présent. Mais cette dernière syllabe « rie », je ne l'ai pas prononcée instantanément ; le temps, si court soit-il, pendant lequel je l'ai émise, est décomposable en parties, et ces parties sont du passé par rapport à la dernière d'entre elles, qui serait, elle, du présent définitif si elle n'était décomposable à son tour : de sorte que vous aurez beau faire, vous ne pourrez tracer une ligne de démarcation entre le passé et le présent, ni par conséquent, entre la mémoire et la conscience. À vrai dire, quand j'articule le mot « causerie », j'ai présents à l'esprit non seulement le commencement, le milieu et la fin du mot, mais encore les mots qui ont précédé, mais encore tout ce que j'ai déjà prononcé de la phrase ; sinon, j'aurais perdu le fil de mon discours. Maintenant, si la ponctuation du discours eût été différente, ma phrase eût pu commencer plus tôt ; elle eût englobé, par exemple, la phrase précédente, et mon « présent » se fût dilaté encore davantage dans le passé. Poussons ce raisonnement jusqu'au bout : supposons que mon discours dure depuis des années, depuis le premier éveil de ma conscience, qu'il se poursuive en une phrase unique, et que ma conscience soit assez détachée de l'avenir, assez désintéressée de l'action, pour s'employer exclusivement à embrasser le sens de la phrase : je ne chercherais pas plus d'explication, alors, à la conservation intégrale de cette phrase que je n'en cherche à la survivance des deux premières syllabes du mot « causerie » quand je prononce la dernière. Or, je crois bien que notre vie intérieure tout entière est quelque chose comme une phrase unique entamée dès le premier éveil de la conscience, phrase semée de virgules, mais nulle part coupée par des points. Et je crois par conséquent aussi que notre passé tout entier est là, subconscient — je veux dire présent à nous de telle manière que notre conscience, pour en avoir la révélation, n'ait pas besoin de sortir d'elle-même ni de rien s'adjoindre d'étranger : elle n'a, pour apercevoir distinctement tout ce qu'elle renferme ou plutôt tout ce qu'elle est, qu'à écarter un obstacle, à soulever un voile. Heureux obstacle, d'ailleurs ! voile infiniment précieux ! C'est le cerveau qui nous rend le service de maintenir notre attention fixée sur la vie ; et la vie, elle, regarde en avant ; elle ne se retourne en arrière que dans la mesure où le passé peut l'aider à éclairer et à préparer l'avenir. Vivre, pour l'esprit, c'est essentiellement se concentrer sur l'acte à accomplir. C'est donc s'insérer dans les choses par l'intermédiaire d'un mécanisme qui extraira de la conscience tout ce qui est utilisable pour l'action, quitte à obscurcir la plus grande partie du reste. Tel est le rôle du cerveau dans l'opération de la mémoire : il ne sert pas à conserver le passé, mais à le masquer d'abord, puis à en laisser transparaître ce qui est pratiquement utile. Et tel est aussi le rôle du cerveau vis-à-vis de l'esprit en général. Dégageant de l'esprit ce qui est extériorisable en mouvement, insérant l'esprit dans ce cadre moteur, il l'amène à limiter le plus souvent sa vision, mais aussi à rendre son action efficace. C'est dire que l'esprit déborde le cerveau de toutes parts, et que l'activité cérébrale ne répond qu'à une infime partie de l'activité mentale.

Mais c'est dire aussi que la vie de l'esprit ne peut pas être un effet de la vie du corps, que tout se passe au contraire comme si le corps était simplement utilisé par l'esprit, et que dès lors nous n'avons aucune raison de supposer que le corps et l'esprit soient inséparablement liés l'un à l'autre. Vous pensez bien que je ne vais pas trancher au pied levé, pendant la demi-minute qui me reste, le plus grave des problèmes que puisse se poser l'humanité. Mais je m'en voudrais de l'éluder. D'où venons-nous ? Que faisons-nous ici-bas ? Où allons-nous ? Si vraiment la philosophie n'avait rien à répondre à

Henri Bergson

ces questions d'un intérêt vital, ou si elle était incapable de les élucider progressivement comme on élucide un problème de biologie ou d'histoire, si elle ne pouvait pas les faire bénéficier d'une expérience de plus en plus approfondie, d'une vision de plus en plus aiguë de la réalité, si elle devait se borner à mettre indéfiniment aux prises ceux qui affirment et ceux qui nient l'immortalité pour des raisons tirées de l'essence hypothétique de l'âme ou du corps, ce serait presque le cas de dire, en détournant de son sens le mot de Pascal, que toute la philosophie ne vaut pas une heure de peine. Certes, l'immortalité elle-même ne peut pas être prouvée expérimentalement : toute expérience porte sur une durée limitée ; et quand la religion parle d'immortalité, elle fait appel à la révélation. Mais ce serait quelque chose, ce serait beaucoup que de pouvoir établir, sur le terrain de l'expérience, la possibilité et même la probabilité de la survivance pour un temps x : on laisserait en dehors du domaine de la philosophie la question de savoir si ce temps est ou n'est pas illimité. Or, réduit à ces proportions plus modestes, le problème philosophique de la destinée de l'âme ne m'apparaît pas du tout comme insoluble. Voici un cerveau qui travaille. Voilà une conscience qui sent, qui pense et qui veut. Si le travail du cerveau correspondait à la totalité de la conscience, s'il y avait équivalence entre le cérébral et le mental, la conscience pourrait suivre les destinées du cerveau et la mort être la fin de tout : du moins l'expérience ne dirait-elle pas le contraire, et le philosophe qui affirme la survivance serait-il réduit à appuyer sa thèse sur quelque construction métaphysique — chose généralement fragile. Mais si, comme nous avons essayé de le montrer, la vie mentale déborde la vie cérébrale, si le cerveau se borne à traduire en mouvements une petite partie de ce qui se passe dans la conscience, alors la survivance devient si vraisemblable que l'obligation de la preuve incombera à celui qui nie, bien plutôt qu'à celui qui affirme ; car l'unique raison de croire à une extinction de la conscience après la mort est qu'on voit le corps se désorganiser, et cette raison n'a plus de valeur si l'indépendance de la presque totalité de la conscience à l'égard du corps est, elle aussi, un fait que l'on constate. En traitant ainsi le problème de la survivance, en le faisant descendre des hauteurs où la métaphysique traditionnelle l'a placé, en le transportant dans le champ de l'expérience, nous renonçons sans doute à en obtenir

II. L'ÂME ET LE CORPS

du premier coup la solution radicale ; mais que voulez-vous ? il faut opter, en philosophie, entre le pur raisonnement qui vise à un résultat définitif, imperfectible puisqu'il est censé parfait, et une observation patiente qui ne donne que des résultats approximatifs, capables d'être corrigés et complétés indéfiniment. La première méthode, pour avoir voulu nous apporter tout de suite la certitude, nous condamne à rester toujours dans le simple probable ou plutôt dans le pur possible, car il est rare qu'elle ne puisse pas servir à démontrer indifféremment deux thèses opposées, également cohérentes, également plausibles. La seconde ne vise d'abord qu'à la probabilité ; mais comme elle opère sur un terrain où la probabilité peut croître sans fin, elle nous amène peu à peu à un état qui équivaut pratiquement à la certitude. Entre ces deux manières de philosopher mon choix est fait. Je serais heureux si j'avais pu contribuer, si peu que ce fût, à orienter le vôtre.

III. « FANTÔMES DE VIVANTS » ET « RECHERCHE PSYCHIQUE ».

Conférence faite à la Society for psychical Rescarch *de Londres, le 28 mai 1913.*

Laissez-moi d'abord vous dire combien je vous suis reconnaissant de l'honneur que vous m'avez fait en m'appelant à la présidence de votre Société. Cet honneur, je ne l'ai malheureusement pas mérité. Je ne connais que par des lectures les phénomènes dont la Société s'occupe ; je n'ai rien vu, rien observé moi-même. Comment donc avez-vous pu me faire succéder aux hommes éminents qui tour à tour s'assirent à cette place et qui étaient tous adonnés aux mêmes études que vous ? Je soupçonne qu'il y a eu ici un effet de « clairvoyance » ou de « télépathie », que vous avez senti de loin l'intérêt que je prenais à vos investigations, et que vous m'avez aperçu, à quatre cents kilomètres de distance, lisant attentivement vos comptes rendus, suivant vos travaux avec une ardente curiosité. Ce que vous avez dépensé d'ingéniosité, de pénétration, de patience, de ténacité, à l'exploration de la *terra incognita* des phénomènes psychiques m'a toujours paru en effet admirable. Mais plus que cette ingéniosité et plus que cette pénétration, plus que votre

Henri Bergson

infatigable persévérance, j'admire le courage qu'il vous a fallu, dans les premières années surtout, pour lutter contre les préventions d'une bonne partie du public et pour braver la raillerie, qui fait peur aux plus vaillants. C'est pourquoi je suis fier, plus fier que je ne saurais le dire, d'avoir été élu président de la Société de Recherche psychique. J'ai lu quelque part l'histoire d'un sous-lieutenant que les hasards de la bataille, la disparition de ses chefs tués ou blessés, avaient appelé à l'honneur de commander le régiment : toute sa vie il y pensa, toute sa vie il en parla, et du souvenir de ces quelques heures son existence entière restait imprégnée. Je suis ce sous-lieutenant, et toujours je me féliciterai de la chance inattendue qui m'aura mis, non pas pour quelques heures mais pour quelques mois, à la tête d'un régiment de braves.

Comment s'expliquent les préventions qu'on a eues contre les sciences psychiques, et que beaucoup conservent encore ? Certes, ce sont surtout des demi-savants qui condamnent, « au nom de la Science », des recherches telles que les vôtres : des physiciens, des chimistes, des physiologistes, des médecins font partie de votre Société, et nombreux sont devenus les hommes de science qui, sans figurer parmi vous, s'intéressent à vos études. Pourtant il arrive encore que de vrais savants, tout prêts à accueillir n'importe quel travail de laboratoire, si menu soit-il, écartent de parti pris ce que vous apportez et rejettent en bloc ce que vous avez fait. À quoi cela tient-il ? Loin de moi la pensée de critiquer leur critique pour le plaisir de faire de la critique à mon tour. J'estime que le temps consacré à la réfutation, en philosophie, est généralement du temps perdu. De tant d'objections élevées par tant de penseurs les uns contre les autres, que reste-t-il ? rien, ou peu de chose. Ce qui compte et ce qui demeure, c'est ce qu'on a apporté de vérité positive : l'affirmation vraie se substitue à l'idée fausse en vertu de sa force intrinsèque et se trouve être, sans qu'on ait pris la peine de réfuter personne, la meilleure des réfutations. Mais il s'agit de bien autre chose ici que de réfuter ou de critiquer. Je voudrais montrer que derrière des objections des uns, les railleries des autres, il y a, invisible et présente, une certaine métaphysique inconsciente d'elle-même — inconsciente et par conséquent inconsistante, inconsciente et par conséquent incapable de se remodeler sans cesse, comme doit le faire une philosophie digne de ce nom, sur l'ob-

III. « FANTÔMES DE VIVANTS » ET « RECHERCHE PSYCHIQUE ».

servation et l'expérience —, que d'ailleurs cette métaphysique est naturelle, qu'elle tient en tout cas à un pli contracté depuis longtemps par l'esprit humain, qu'ainsi s'expliquent sa persistance et sa popularité. Je voudrais écarter ce qui la masque, aller droit à elle et voir ce qu'elle vaut. Mais avant de le faire, et de venir ainsi à ce qui est votre objet, je dirai un mot de votre méthode — méthode dont je comprends qu'elle déroute un certain nombre de savants.

Rien n'est plus désagréable au savant de profession que de voir introduire, dans une science de même ordre que la sienne, des procédés de recherche et de vérification dont il s'est toujours soigneusement abstenu. Il craint la contagion. Très légitimement, il tient à sa méthode comme l'ouvrier à ses outils. Il l'aime pour elle, indépendamment de ce qu'elle donne. C'est même par là, je crois, que William James définissait la différence entre l'amateur de science et le professionnel, le premier s'intéressant surtout au résultat obtenu, le second aux procédés par lesquels on l'obtient. Or, les phénomènes dont vous vous occupez sont incontestablement du même genre que ceux qui font l'objet de la science naturelle, tandis que la méthode que vous suivez, et que vous êtes obligés de suivre, n'a souvent aucun rapport avec celle des sciences de la nature.

Je dis que ce sont des faits *du même genre*. J'entends par là qu'ils manifestent sûrement des lois, et qu'ils sont susceptibles, eux aussi, de se répéter indéfiniment dans le temps et dans l'espace. Ce ne sont pas des faits comme ceux qu'étudie l'historien par exemple. L'histoire, elle, ne se recommence pas ; la bataille d'Austerlitz s'est livrée une fois, et ne se livrera jamais plus. Les mêmes conditions historiques ne pouvant se reproduire, le même fait historique ne saurait reparaître ; et comme une loi exprime nécessairement qu'à certaines causes, toujours les mêmes, correspondra un effet toujours le même aussi, l'histoire proprement dite ne porte pas sur des lois, mais sur des faits particuliers et sur les circonstances, non moins particulières, où ils se sont accomplis. L'unique question, ici, est de savoir si l'événement a bien eu lieu à tel moment déterminé du temps, en tel point déterminé de l'espace, et comment il s'est produit. Au contraire, une hallucination véridique par exemple — l'apparition d'un malade ou d'un mourant à un parent ou à un ami qui demeure très loin, peut-être aux antipodes — est un fait qui, s'il est réel, manifeste sans doute une loianalogue aux lois physiques, chimiques, biologiques. Je suppose, un instant, que ce phénomène soit dû à l'action de l'une des deux consciences sur l'autre, que des consciences puissent ainsi communiquer sans intermédiaire visible et qu'il y ait, comme vous dites, « télépathie ». Si la télépathie est un fait réel, c'est un fait susceptible de se répéter indéfiniment. Je vais plus loin : si la télépathie est réelle, il est possible qu'elle opère à chaque instant et chez tout le monde, mais avec trop peu d'intensité pour se faire remarquer, ou de telle manière qu'un mécanisme cérébral arrête l'effet, pour notre plus grand bien, au moment où il va franchir le seuil de notre conscience. Nous produisons de l'électricité à tout moment, l'atmosphère est constamment électrisée, nous circulons parmi des courants magnétiques ; pourtant des millions d'hommes ont vécu pendant des milliers d'années sans soupçonner l'existence de l'électricité. Nous avons aussi bien pu passer, sans l'apercevoir, à côté de la télépathie. Mais peu importe. Un point est en tout cas incontestable, c'est que, si la télépathie est réelle, elle est naturelle, et que, le jour où nous en connaîtrions les conditions, il ne nous serait pas plus nécessaire, pour avoir un effet télépathique, d'attendre un « fantôme de vivant », que nous n'avons besoin aujourd'hui, pour voir l'étincelle électrique, d'attendre comme autrefois le bon vouloir du ciel et le spectacle d'une scène d'orage.

Voilà donc un phénomène qui semblerait, en raison de sa nature, devoir être étudié à la manière du fait physique, chimique, ou biologique. Or, ce n'est point ainsi que vous vous y prenez — force vous est de recourir à une méthode toute différente, qui tient le milieu entre celle de l'historien et celle du juge d'instruction. L'hallucination véridique remonte-t-elle au passé ? vous étudiez les documents, vous les critiquez, vous écrivez une page d'histoire. Le fait est-il d'hier ? vous procédez à une espèce d'enquête judiciaire ; vous vous mettez en rapport avec les témoins, vous les confrontez entre eux, vous vous renseignez sur eux. Pour ma part, quand je repasse dans ma mémoire les résultats de l'admirable enquête poursuivie inlassablement par vous pendant plus de trente ans, quand je pense aux précautions que vous avez prises pour éviter l'erreur, quand je vois comment, dans la plupart des cas que vous avez retenus, le récit de l'hallucination avait été fait à une ou plusieurs personnes, souvent même noté par écrit, avant que l'hallucination eût été reconnue véridique, quand je tiens compte du nombre énorme des faits et surtout de leur ressemblance entre eux, de leur air de famille, de la concordance de tant de témoignages indépendants les uns des autres, tous analysés, contrôlés, soumis à la critique — je suis porté à croire à la télépathie de même que je crois, par exemple, à la défaite de l'Invincible Armada. Ce n'est pas la certitude mathématique que me donne la démonstration du théorème de Pythagore ; ce n'est pas la certitude physique que m'apporte la vérification de la loi de Galilée. C'est du moins toute la certitude qu'on obtient en matière historique ou judiciaire.

Mais voilà justement ce qui déconcerte un assez grand nombre d'esprits. Sans bien se rendre compte de cette raison de leur répugnance, ils trouvent étrange qu'on ait à traiter historiquement ou judiciairement des faits qui, s'ils sont réels, obéissent sûrement à des lois, et qui devraient alors, semble-t-il, se prêter aux méthodes d'observation et d'expérimentation usitées dans les sciences de la nature. Dressez le fait à se produire dans un laboratoire, on l'accueillera volontiers ; jusque-là, on le tiendra pour suspect. De ce que la « recherche psychique » ne peut pas procéder comme la physique et la chimie, on conclut qu'elle n'est pas scientifique ; et comme le « phénomène psychique » n'a pas encore pris la forme simple et *abstraite* qui ouvre à un fait l'accès du laboratoire, volontiers on le déclarerait irréel. Tel est, je crois, le raisonnement « subconscient » de certains savants.

Je retrouve le même sentiment, le même dédain du *concret*, au fond des objections qu'on élève contre telle ou telle de vos conclusions. Je n'en citerai qu'un exemple. Il y a quelque temps, dans une réunion mondaine à laquelle j'assistais, la conversation tomba sur les phénomènes dont vous vous occupez. Un de nos grands médecins était là, qui fut un de nos grands savants. Après avoir écouté attentivement, il prit la parole et s'exprima à peu près en ces termes : « Tout ce que vous dites m'intéresse beaucoup, mais je vous demande de réfléchir avant de tirer une conclusion. Je connais, moi aussi, un fait extraordinaire. Et ce fait, j'en garantis l'authenticité, car il m'a été raconté par une dame fort intelligente, dont la parole m'inspire une confiance absolue. Le mari de cette dame était officier. Il fut tué au cours d'un engagement. Or, au moment même où le mari tombait, la femme eut la vision de la scène, vision précise, de tous points conforme à la réalité. Vous conclurez peut-être de là, comme elle concluait elle-même, qu'il y avait eu clairvoyance, télépathie, etc. ? Vous n'oublierez qu'une chose : c'est qu'il est arrivé à bien des femmes de rêver que leur mari était mort ou mourant, alors qu'il se portait fort bien. On remarque les cas où la vision tombe juste, on ne tient pas compte des autres. Si l'on faisait le relevé, on verrait que la coïncidence est l'œuvre du hasard. »

La conversation dévia dans je ne sais plus quelle direction ; il ne pouvait d'ailleurs être question d'entamer une discussion philosophique ; ce n'était ni le lieu ni le moment. Mais en sortant de table, une très jeune fille, qui avait bien écouté, vint me dire : « Il me semble que le docteur raisonnait mal tout à l'heure. Je ne vois pas où est le vice de son raisonnement ; mais il doit y avoir un vice. » Eh oui, il y avait un vice ! C'est la petite jeune fille qui avait raison, et c'est le grand savant qui avait tort. Il fermait les yeux à ce que le phénomène avait de *concret*. Il raisonnait ainsi : « Quand un rêve, quand une hallucination nous avertit qu'un parent est mort ou mourant, ou c'est vrai ou c'est faux, ou la personne meurt ou elle ne meurt pas. Et par conséquent, si la vision tombe juste, il faudrait, pour être sûr qu'il n'y a pas là un effet du hasard, avoir comparé le nombre des « cas vrais » à celui des « cas faux ». Il ne voyait pas que son argumentation reposait sur une substitution : il avait remplacé la description de la scène concrète et vivante — de l'officier tombant à un moment déterminé, en un lieu déterminé, avec tels ou tels soldats autour de lui — par cette formule sèche et abstraite : « La dame était dans le vrai, et non pas dans le faux. » Ah, si nous acceptons la transposition dans l'abstrait, il faudra en effet que nous comparions *in abstracto* le nombre des cas vrais au nombre des cas faux ; et nous trouverons peut-être qu'il y en a plus de faux que de vrais, et le docteur aura eu raison. Mais cette abstraction consiste à négliger ce qu'il y a d'essentiel, le *tableau* aperçu par la dame, et qui se trouve reproduire telle quelle une scène très compliquée, éloignée d'elle. Concevez-vous qu'un peintre, dessinant sur sa toile un coin de bataille, et se fiant pour cela à sa fantaisie, puisse être si bien servi par le hasard qu'il se trouve avoir exécuté le portrait de soldats réels, réellement mêlés ce jour-là à une bataille où ils accomplissaient les gestes que le peintre leur prête ? Évidemment non. La supputation des probabilités, à laquelle on fait appel, nous montrerait que c'est impossible, parce qu'une scène où des personnes déterminées prennent des attitudes déterminées est chose unique en son genre, parce que les lignes d'un visage humain sont déjà uniques en leur genre, et que par conséquent chaque personnage — à plus forte raison la scène qui les réunit — est décomposable en une infinité d'éléments indépendants pour nous les uns des autres : de sorte qu'il faudrait un nombre de coïncidences infini pour que le hasard fît de la scène de fantaisie la reproduction d'une scène réelle [7] : en d'autres termes, il est mathématiquement impossible qu'un tableau sorti de l'imagination du peintre dessine, tel qu'il a eu lieu, un incident de la bataille. Or, la dame qui avait la vision d'un coin de bataille était dans la situation de ce peintre ; son imagination exécutait un tableau. Si le tableau était la reproduction d'une scène réelle, il fallait, de toute nécessité, qu'elle aperçût cette scène ou qu'elle fût en rapport avec une conscience qui l'apercevait. Je n'ai que faire de la comparaison du nombre des « cas vrais » à celui des « cas faux » ; la statistique n'a rien à voir ici ; le cas unique qu'on me présente me suffit, du moment que je le prends avec tout ce qu'il contient. C'est pourquoi, si c'eût été le moment de discuter avec le docteur, je lui aurais dit : « je ne sais si le récit qu'on vous a fait était digne de foi ; j'ignore si la dame a eu la vision exacte de la scène qui se déroulait loin d'elle ; mais si ce point m'était dé-montré, si je pouvais seulement être sûr que la physionomie d'un soldat inconnu d'elle, présent à la scène, lui est apparue telle qu'elle était en réalité — eh bien alors, quand même il serait prouvé qu'il y a eu des milliers de visions fausses et quand même il n'y aurait jamais eu d'autre hallucination véridique que celle-ci, je tiendrais pour rigoureusement et définitivement établie la réalité de la télé-pathie, ou plus généralement la possibilité de percevoir des objets et des événements que nos sens, avec tous les instruments qui en étendent la portée, sont incapables d'atteindre. »

Mais en voilà assez sur ce point. J'arrive à la cause plus profonde qui a retardé jusqu'ici la « recherche psychique » en dirigeant d'un autre côté l'activité des savants.

On s'étonne parfois que la science moderne se soit détournée des faits qui vous intéressent, alors qu'elle devrait, expérimentale, ac-cueillir tout ce qui est matière d'observation et d'expérience. Mais

Henri Bergson

il faudrait s'entendre sur le caractère de la science moderne. Qu'elle ait créé la méthode expérimentale, c'est certain ; mais cela ne veut pas dire qu'elle ait élargi de tous côtés le champ d'expériences où l'on travaillait avant elle. Bien au contraire, elle l'a rétréci sur plus d'un point ; et c'est d'ailleurs ce qui a fait sa force. Les anciens avaient beaucoup observé, et même expérimenté. Mais ils observaient au hasard, dans n'importe quelle direction. En quoi consista la création de la « méthode expérimentale » ? À prendre des procédés d'observation et d'expérimentation qu'on pratiquait déjà, et, plutôt que de les appliquer dans toutes les directions possibles, à les faire converger sur un seul point, *la mesure—* la mesure de telle ou telle grandeur variable qu'on soupçonnait être fonction de telles ou telles autres grandeurs variables, également à mesurer. La « loi », au sens moderne du mot, est justement l'expression d'une relation constante entre des grandeurs qui varient. La science moderne est donc fille des mathématiques ; elle est née le jour où l'algèbre eut acquis assez de force et de souplesse pour enlacer la réalité et la prendre dans le filet de ses calculs. D'abord parurent l'astronomie et la mécanique, sous la forme mathématique que les modernes leur ont donnée. Puis se développa la physique — une physique également mathématique. La physique suscita la chimie, elle aussi fondée sur des mesures, sur des comparaisons de poids et de volumes. Après la chimie vint la biologie, qui, sans doute, n'a pas encore la forme mathématique et n'est pas près de l'avoir, mais qui n'en voudrait pas moins, par l'intermédiaire de la physiologie, ramener les lois de la vie à celles de la chimie et de la physique, c'est-à-dire, indirectement, de la mécanique. De sorte qu'en définitive notre science tend toujours au mathématique, comme à un idéal : elle vise essentiellement à mesurer ; et là où le calcul n'est pas encore applicable, lorsqu'elle doit se borner à décrire l'objet ou à l'analyser, elle s'arrange pour n'envisager que le côté capable de devenir plus tard accessible à la mesure.

Or, il est de l'essence des choses de l'esprit de ne pas se prêter à la mesure. Le premier mouvement de la science moderne devait donc être de chercher si l'on ne pourrait pas substituer aux phénomènes de l'esprit certains phénomènes qui en fussent les équivalents et qui seraient mesurables. De fait, nous voyons que la conscience a des rapports avec le cerveau. On s'empara donc du cerveau, on s'attacha au fait cérébral — dont on ne connaît certes pas la nature, mais dont on sait qu'il doit pouvoir se résoudre finalement en mouvements de molécules et d'atomes, c'est-à-dire en faits d'ordre mécanique — et l'on convint de procéder comme si le cérébral était l'équivalent du mental. Toute notre science de l'esprit, toute notre métaphysique, depuis le XVIIe siècle jusqu'à nos jours, proclame d'ailleurs cette équivalence. On parle indifféremment de la pensée ou du cerveau, soit qu'on fasse du mental un « épiphénomène » du cérébral, comme le veut le matérialisme, soit qu'on mette le mental et le cérébral sur la même ligne en les considérant comme deux traductions, en langues différentes, du même original. Bref, l'hypothèse d'un *parallélisme* rigoureux entre le cérébral et le mental paraît éminemment scientifique. D'instinct, la philosophie et la science tendent à écarter ce qui contredirait cette hypothèse ou la contrarierait. Et tel paraît être, à première vue, le cas des faits qui intéressent la « recherche psychique », ou tout au moins de beaucoup d'entre eux.

Eh bien, le moment est venu de regarder cette hypothèse en face et de se demander ce qu'elle vaut. Je n'insisterai pas sur les difficultés théoriques qu'elle soulève. J'ai montré ailleurs qu'elle se contredit elle-même dès qu'on la prend au mot. J'ajoute que la nature n'a pas dû se donner le luxe de répéter en langage de conscience ce que l'écorce cérébrale a déjà exprimé en termes de mouvement atomique ou moléculaire. Tout organe superflu s'atrophie, toute fonction inutile s'évanouit. Une conscience qui ne serait qu'un duplicatum, et qui n'agirait pas, aurait depuis longtemps disparu de l'univers, à supposer qu'elle y eût jamais surgi : ne voyons-nous pas que nos actions deviennent inconscientes dans la mesure où l'habitude les rend machinales ? Mais je ne veux pas insister sur ces considérations théoriques. Ce que je prétends, c'est que les faits, consultés sans parti pris, ne confirment ni même ne suggèrent l'hypothèse du parallélisme.

Pour une seule faculté intellectuelle, en effet, on a pu se croire autorisé par l'expérience à parler de localisation précise dans le cerveau : je fais allusion à la mémoire, et plus spécialement à la mémoire des mots. Ni pour le jugement, ni pour le raisonnement, ni pour aucun autre acte de pensée nous n'avons la moindre raison de les supposer attachés à des mouvements intra-cérébraux dont ils dessineraient la trace. Au contraire, les maladies de la mémoire des mots — ou, comme on dit, les aphasies — correspondent à la lésion de certaines circonvolutions cérébrales : de sorte qu'on a pu considérer la mémoire comme une simple fonction du cerveau et croire que les souvenirs visuels, auditifs, moteurs des mots étaient déposés à l'intérieur de l'écorce — clichés photographiques qui conserveraient des impressions lumineuses, disques phonographiques qui enregistreraient des vibrations sonores. Examinez de près les faits qu'on déclare témoigner d'une exacte correspondance et comme d'une *adhérence* de la vie mentale à la vie cérébrale (je laisse de côté, cela va sans dire, les sensations et les mouvements, car le cerveau est certainement un organe sensori-moteur) : vous verrez qu'ils se réduisent aux phénomènes de mémoire, et que c'est la localisation des aphasies, et cette localisation seule, qui semble apporter à la doctrine paralléliste un commencement de preuve expérimentale.

Or, une étude plus approfondie des diverses aphasies montrerait précisément l'impossibilité d'assimiler les souvenirs à des clichés ou à des phonogrammes déposés dans le cerveau : à mon sens, le cerveau ne conserve pas les représentations ou images du passé ; il emmagasine simplement des habitudes motrices. Je ne reproduirai pas ici la critique à laquelle j'ai soumis jadis la théorie courante des aphasies — critique qui parut alors paradoxale, qui s'attaquait en effet à un dogme scientifique, mais que le progrès de l'anatomie pathologique est venu confirmer (vous connaissez les travaux du Pr Pierre Marie et de ses élèves). Je me bornerai donc à rappeler mes conclusions. Ce qui me paraît se dégager de l'étude attentive des faits, c'est que les lésions cérébrales caractéristiques des diverses aphasies n'atteignent pas les souvenirs eux-mêmes, et que par conséquent il n'y a pas, emmagasinés en tels ou tels points de l'écorce cérébrale, des souvenirs que la maladie détruirait. Ces lésions rendent, en réalité, impossible ou difficile *l'évocation* des souvenirs ; elles portent sur le mécanisme du rappel, et sur ce mécanisme seulement. Plus précisément, le rôle du cerveau est de faire que l'esprit, quand il a besoin d'un souvenir, puisse obtenir du corps l'attitude ou le mouvement naissant qui présente au souvenir cherché un cadre approprié. Si le cadre est là, le souvenir viendra, de lui-même, s'y insérer. L'organe cérébral prépare le cadre, il ne fournit pas le souvenir. Voilà ce que nous apprennent les maladies de la mémoire des mots, et ce que ferait d'ailleurs pressentir l'analyse psychologique de la mémoire.

Que si nous passons aux autres fonctions de la pensée, l'hypothèse que les faits nous suggèrent d'abord n'est pas celle d'un parallélisme rigoureux entre la vie mentale et la vie cérébrale. Dans le travail de la pensée en général, comme dans l'opération de la mémoire, le cerveau apparaît simplement comme chargé d'imprimer au corps les mouvements et les attitudes qui *jouent* ce que l'esprit pense ou ce que les circonstances l'invitent à penser, C'est ce que j'ai exprimé ailleurs en disant que le cerveau est un « organe de pantomime ». J'ajoutais : « Celui qui pourrait regarder à l'intérieur d'un cerveau en pleine activité, suivre le va-et-vient des atomes et interpréter tout ce qu'ils font, celui-là saurait sans doute quelque chose de ce qui se passe dans l'esprit, mais il n'en saurait que peu de chose. Il en connaîtrait tout juste ce qui est exprimable en gestes, attitudes et mouvements du corps, ce que l'état d'âme contient d'action en voie d'accomplissement, ou simplement naissante : le reste lui échapperait. Il se trouverait, vis-à-vis des pensées et des sentiments qui se déroulent à l'intérieur de la conscience, dans la situation du spectateur qui voit distinctement tout ce que les acteurs font sur la scène, mais n'entend pas un mot de ce qu'ils disent. » Ou bien encore il serait comme la personne qui ne perçoit, d'une symphonie, que les mouvements du bâton du chef d'orchestre. Les phénomènes cérébraux sont en effet à la vie mentale ce que les gestes du chef d'orchestre sont à la symphonie : ils en dessinent les articulations motrices, ils ne font pas autre chose. On ne trouverait donc rien des opérations supérieures de l'esprit à l'intérieur de l'écorce cérébrale. Le cerveau, en dehors de ses fonctions sensorielles, n'a d'autre rôle que de mimer, au sens le plus large du terme, la vie mentale.

Je reconnais d'ailleurs que cette mimique est de première importance. C'est par elle que nous nous insérons dans la réalité, que nous nous y adaptons, que nous répondons aux sollicitations des circonstances par des actions appropriées. Si la conscience n'est pas une fonction du cerveau, du moins le cerveau maintient-il la conscience fixée sur le monde où nous vivons ; c'est l'organe de l'attention à la vie. Aussi une modification cérébrale légère, une intoxication passagère par l'alcool ou l'opium par exemple — à

Henri Bergson

plus forte raison une de ces intoxications durables par lesquelles s'explique sans doute le plus souvent l'aliénation — peuvent-elles entraîner une perturbation complète de la vie mentale. Ce n'est pas que l'esprit soit atteint directement. Il ne faut pas croire, comme on le fait souvent, que le poison soit allé chercher dans l'écorce céré-brale un certain mécanisme qui serait l'aspect matériel d'un certain raisonnement, qu'il ait dérangé ce mécanisme et que ce soit pour cela que le malade divague. Mais l'effet de la lésion est de fausser l'engrenage, et de faire que la pensée ne s'insère plus exactement dans les choses. Un fou, atteint du délire de la persécution, pourra encore raisonner logiquement ; mais il raisonne à côté de la réalité, en dehors de la réalité, comme nous raisonnons en rêve. Orienter notre pensée vers l'action, l'amener à préparer l'acte que les cir-constances réclament, voilà ce pour quoi notre cerveau est fait.

Mais par là il canalise, et par là aussi il limite, la vie de l'esprit. Il nous empêche de jeter les yeux à droite et à gauche, et même, la plupart du temps, en arrière ; il veut que nous regardions droit de-vant nous, dans la direction où nous avons à marcher. N'est-ce pas déjà visible dans l'opération de la mémoire ? Bien des faits semblent indiquer que le passé se conserve jusque dans ses moindres détails et qu'il n'y a pas d'oubli réel. Vous avez entendu parler des noyés et des pendus qui racontent, une fois rappelés à la vie, comment ils ont eu la vision panoramique, pendant un instant, de la totalité de leur passé. Je pourrais vous citer d'autres exemples, car le phé-nomène n'est pas, comme on l'a prétendu, symptôme d'asphyxie. Il se produira aussi bien chez un alpiniste qui glisse au fond d'un précipice, chez un soldat sur qui l'ennemi va tirer et qui se sent perdu. C'est que notre passé tout entier est là, continuellement, et que nous n'aurions qu'à nous retourner pour l'apercevoir ; seu-lement, nous ne pouvons ni ne devons nous retourner. Nous ne le devons pas, parce que notre destination est de vivre, d'agir, et que la vie et l'action regardent en avant. Nous ne le pouvons pas, parce que le mécanisme cérébral a précisément pour fonction ici de nous masquer le passé, de n'en laisser transparaître, à chaque instant, que ce qui peut éclairer la situation présente et favoriser notre action : c'est même en obscurcissant tous nos souvenirs sauf un — sauf celui qui nous intéresse et que notre corps esquisse déjà par sa mimique — qu'il *rappelle* ce souvenir utile. Maintenant, que

III. « FANTÔMES DE VIVANTS » ET « RECHERCHE PSYCHIQUE ».

l'attention à la vie vienne à faiblir un instant — je ne parle pas ici de l'attention volontaire, qui est momentanée et individuelle, mais d'une attention constante, commune à tous, imposée par la nature et qu'on pourrait appeler « l'attention de l'espèce » — alors l'esprit, dont le regard était maintenu de force en avant, se détend et par là même se retourne en arrière ; il y retrouve toute son histoire. La vision panoramique du passé est donc due à un brusque *désintéressement de la vie*, né de la conviction soudaine qu'on va mourir à l'instant. Et c'était à fixer l'attention sur la vie, à rétrécir utilement le champ de la conscience, que le cerveau était occupé jusque-là comme organe de mémoire.

Mais ce que je dis de la mémoire serait aussi vrai de la perception. Je ne puis entrer ici dans le détail d'une démonstration que j'ai tentée autrefois : qu'il me suffise de rappeler que tout devient obscur, et même incompréhensible, si l'on considère les centres cérébraux comme des organes capables de transformer en états conscients des ébranlements matériels, que tout s'éclaircit au contraire si l'on voit simplement dans ces centres (et dans les dispositifs sensoriels auxquels ils sont liés) des instruments de sélection chargés de choisir, dans le champ immense de nos perceptions virtuelles, celles qui devront s'actualiser. Leibniz disait que chaque monade, et par conséquent, a *fortiori,* chacune de ces monades qu'il appelle des esprits, porte en elle la représentation consciente ou inconsciente de la totalité du réel. Je n'irais pas aussi loin ; mais j'estime que nous percevons virtuellement beaucoup plus de choses que nous n'en percevons actuellement, et qu'ici encore le rôle de notre corps est d'écarter de la conscience tout ce qui ne nous serait d'aucun intérêt pratique, tout ce qui ne se prête pas à notre action. Les organes des sens, les nerfs sensitifs, les centres cérébraux canalisent donc les influences du dehors, et marquent ainsi les directions où notre propre influence pourra s'exercer. Mais, par là, ils limitent notre vision du présent, de même que les mécanismes cérébraux de la mémoire resserrent notre vision du passé. Or, si certains souvenirs inutiles, ou souvenirs « de rêve », réussissent à se glisser à l'intérieur de la conscience, profitant d'un moment d'inattention à la vie, ne pourrait-il pas y avoir, autour de notre perception normale, une frange de perceptions le plus souvent inconscientes, mais toutes prêtes à entrer dans la conscience, et s'y introduisant en effet dans certains cas exceptionnels ou chez certains sujets prédisposés ? S'il y a des perceptions de ce genre, elles ne relèvent pas seulement de la psychologie classique : sur elles la « recherche psychique » devrait s'exercer.

N'oublions pas, d'ailleurs, que l'espace est ce qui crée les divisions nettes. Nos corps sont extérieurs les uns aux autres dans l'espace ; et nos consciences, en tant qu'attachées à ces corps, sont séparées par des intervalles. Mais si elles n'adhèrent au corps que par une partie d'elles-mêmes, il est permis de conjecturer, pour le reste, un empiétement réciproque. Entre les diverses consciences pourraient s'accomplir à chaque instant des échanges, comparables aux phénomènes d'endosmose. Si cette inter-communication existe, la nature aura pris sesprécautions pour la rendre inoffensive, et il est vraisemblable que certaine mécanismes sont spécialement chargés de rejeter dans l'inconscient les images ainsi introduites, car elles seraient fort gênantes dans la vie de tous les jours. Telle ou telle d'entre elles pourrait cependant, ici encore, passer en contrebande, surtout quand les mécanismes inhibitifs fonctionnent mal ; et sur elles encore s'exercerait la « recherche psychique ». Ainsi se produiraient les hallucinations véridiques, ainsi surgiraient les « fantômes de vivants ».

Plus nous nous accoutumerons à cette idée d'une conscience qui déborde l'organisme, plus nous trouverons naturel que l'âme survive au corps. Certes, si le mental était rigoureusement calqué sur le cérébral, s'il n'y avait rien de plus dans une conscience humaine que ce qui est inscrit dans son cerveau, nous pourrions admettre que la conscience suit les destinées du corps et meurt avec lui. Mais si les faits, étudiés indépendamment de tout système, nous amènent au contraire à considérer la vie mentale comme beaucoup plus vaste que la vie cérébrale, la survivance devient si probable que l'obligation de la preuve incombera à celui qui la nie, bien plutôt qu'à celui qui l'affirme ; car, ainsi que je le disais ailleurs, « l'unique raison de croire à l'anéantissement de la conscience après la mort est qu'on voit le corps se désorganiser, et cette raison n'a plus de valeur si l'indépendance de la presque totalité de la conscience à l'égard du corps est, elle aussi, un fait que l'on constate ».

Telles sont, brièvement résumées, les conclusions auxquelles me conduit un examen impartial des faits connus. C'est dire que je considère comme très vaste, et même comme indéfini, le champ ouvert à la recherche psychique. Cette nouvelle science aura vite fait de rattraper le temps perdu. Les mathématiques remontent à l'antiquité grecque ; la physique a déjà trois ou quatre cents ans d'existence ; la chimie a paru au XVIIIe siècle ; la biologie est presque aussi vieille ; mais la psychologie date d'hier, et la « recherche » psychique » est encore plus récente. Faut-il regretter ce retard ? Je me suis demandé quelquefois ce qui se serait passé si la science moderne, au lieu de partir des mathématiques pour s'orienter dans la direction de la mécanique, de l'astronomie, de la physique et de la chimie, au lieu de faire converger tous ses efforts sur l'étude de la matière, avait débuté par la considération de l'esprit — si Kepler, Galilée, Newton, par exemple, avaient été des psychologues. Nous aurions certainement eu une psychologie dont nous ne pouvons nous faire aucune idée aujourd'hui — pas plus qu'on n'eût pu, avant Galilée, imaginer ce que serait notre physique : cette psychologie eût probablement été à notre psychologie actuelle ce que notre physique est à celle d'Aristote. Étrangère à toute idée mécaniste, la science eût alors retenu avec empressement, au lieu de les écarter *a priori*, des phénomènes comme ceux que vous étudiez : peut-être la « recherche psychique » eût-elle figuré parmi ses principales préoccupations. Une fois découvertes les lois les plus générales de l'activité spirituelle (comme le furent, en fait, les principes fondamentaux de la mécanique), on aurait passé de l'esprit pur à la vie : la biologie se serait constituée, mais une biologie vitaliste, toute différente de la nôtre, qui serait allée chercher, derrière les formes sensibles des êtres vivants, la force intérieure, invisible, dont elles sont les manifestations. Sur cette force nous sommes sans action, justement parce que notre science de l'esprit est encore dans l'enfance ; et c'est pourquoi les savants n'ont pas tort quand ils reprochent au vitalisme d'être une doctrine stérile : il est stérile aujourd'hui, il ne le sera pas toujours ; et il ne l'eût pas été si la science moderne, à l'origine, avait pris les choses par l'autre bout. En même temps que cette biologie vitaliste aurait surgi une médecine qui eût remédié *directement* aux insuffisances de la force vitale, qui eût visé la cause et non pas les effets, le centre au lieu de la périphérie : la thérapeutique par suggestion, ou plus généralement par influence de l'esprit sur l'esprit, eût pu prendre

Henri Bergson

des formes et des proportions que nous ne soupçonnons pas. Ainsi se serait fondée, ainsi se serait développée la science de l'activité spirituelle. Mais lorsque, suivant de haut en bas les manifestations de l'esprit, traversant la vie et la matière vivante, elle fût arrivée, de degré en degré, à la matière inerte, la science se serait arrêtée brusquement, surprise et désorientée. Elle aurait essayé d'appliquer à ce nouvel objet ses méthodes habituelles, et elle n'aurait eu sur lui aucune prise, pas plus que les procédés de calcul et de mesure n'ont de prise aujourd'hui sur les choses de l'esprit. C'est la matière, et non plus l'esprit, qui eût été le royaume du mystère. Je suppose alors que dans un pays inconnu — en Amérique par exemple, mais dans une Amérique non encore découverte par l'Europe et décidée à ne pas entrer en relations avec nous — se fût développée une science identique à notre science actuelle, avec toutes ses applications mécaniques. Il aurait pu arriver de temps en temps à des pêcheurs, s'aventurant au large des côtes d'Irlande ou de Bretagne, d'apercevoir au loin, à l'horizon, un navire américain filant à toute vitesse contre le vent — ce que nous appelons un bateau à vapeur. Ils seraient venus raconter ce qu'ils avaient vu. Les aurait-on crus ? Probablement non. On se serait d'autant plus méfié d'eux qu'on eût été plus savant, plus pénétré d'une science qui, purement psychologique, eût été orientée en sens inverse de la physique et de la mécanique. Et il aurait fallu alors que se constituât une société comme la vôtre — mais, cette fois, une Société de Recherche *physique* — laquelle eût fait comparaître les témoins, contrôlé et critiqué leurs récits, établi l'authenticité de ces « apparitions » de bateaux à vapeur. Toutefois, ne disposant pour le moment que de cette méthode historique ou critique, elle n'eût pu vaincre le scepticisme de ceux qui l'auraient mise en demeure — puisqu'elle croyait à l'existence de ces bateaux miraculeux — d'en construire un et de le faire marcher.

Voilà ce que je m'amuse quelquefois à rêver. Mais quand je fais ce rêve, bien vite je l'interromps et je me dis — Non ! il n'était ni possible ni désirable que l'esprit humain suivît une pareille marche. Cela n'était pas possible, parce que, à l'aube des temps modernes, la science mathématique existait déjà, et qu'il fallait nécessairement commencer par tirer d'elle tout ce qu'elle pouvait donner pour la connaissance du monde où nous vivons : on ne lâche pas la proie pour ce qui n'est peut-être qu'une ombre. Mais, à supposer que c'eût été possible, il n'était pas désirable, pour la science psychologique elle-même, que l'esprit humain s'appliquât d'abord à elle. Car, sans doute, si l'on eût dépensé de ce côté la somme de travail, de talent et de génie qui a été consacrée aux sciences de la matière, la connaissance de l'esprit eût pu être poussée très loin ; mais quelque chose lui eût toujours manqué, qui est d'un prix inestimable et sans quoi le reste perd beaucoup de sa valeur : la précision, la rigueur, le souci de la preuve, l'habitude de distinguer entre ce qui est simplement possible ou probable et ce qui est certain. Ne croyez pas que ce soient là des qualités naturelles à l'intelligence. L'humanité s'est passée d'elles pendant fort longtemps ; et elles n'auraient peut-être jamais paru dans le monde s'il ne s'était rencontré jadis, en un coin de la Grèce, un petit peuple auquel l'*à peu près* ne suffisait pas, et qui inventa la précision [8]. La démonstration mathématique — cette création du génie grec — fut-elle ici l'effet ou la cause ? je ne sais ; mais incontestablement c'est par les mathématiques que le besoin de la preuve s'est propagé d'intelligence à intelligence, prenant d'autant plus de place dans l'esprit humain que la science mathématique, par l'intermédiaire de la mécanique, embrassait un plus grand nombre de phénomènes de la matière. L'habitude d'apporter à l'étude de la réalité concrète les mêmes exigences de précision et de rigueur qui sont caractéristiques de la pensée mathématique est donc une disposition que nous devons aux sciences de la matière, et que nous n'aurions pas eue sans elles. C'est pourquoi une science qui se fût appliquée tout de suite aux choses de l'esprit serait restée incertaine et vague, si loin qu'elle se fût avancée : elle n'aurait peut-être jamais distingué entre ce qui est simplement plausible et ce qui doit être accepté définitivement. Mais aujourd'hui que, grâce à notre approfondissement de la matière, nous savons faire cette distinction et possédons les qualités qu'elle implique, nous pouvons nous aventurer sans crainte dans le domaine à peine exploré des réalités psychologiques. Avançons-y avec une hardiesse prudente, déposons la mauvaise métaphysique qui gêne nos mouvements, et la science de l'esprit pourra donner des résultats qui dépasseront toutes nos espérances.

Henri Bergson

IV. LE RÊVE

*Conférence faite à l'*Institut général Psychologique *le 26 mars 1901.*

Le sujet que l'Institut psychologique a bien voulu m'inviter à traiter devant vous est si complexe, il soulève tant de problèmes, les uns psychologiques, les autres physiologiques et même métaphysiques, il appellerait de si longs développements — et nous avons si peu de temps — que je vous demande la permission de supprimer tout préambule, d'écarter l'accessoire, de me placer d'emblée au cœur de la question.

Voici donc un rêve. Je vois toute sorte d'objets défiler devant moi ; aucun d'eux n'existe effectivement. Je crois aller et venir, traverser une série d'aventures, alors que je suis couché dans mon lit, bien tranquillement. Je m'écoute parler et j'entends qu'on me répond ; pourtant je suis seul et je ne dis rien. D'où vient l'illusion ? Pourquoi perçoit-on, comme si elles étaient réellement présentes, des personnes et des choses ?

Mais d'abord, n'y a-t-il rien du tout ? Une certaine *matière sensible* n'est-elle pas offerte à la vue, à l'ouïe, au toucher, etc., dans le sommeil comme dans la veille ?

Fermons les yeux et voyons ce qui va se passer. Beaucoup de personnes diront qu'il ne se passe rien : c'est qu'elles ne regardent pas attentivement. En réalité, on aperçoit beaucoup de choses. D'abord un fond noir. Puis des taches de diverses couleurs, quelquefois ternes, quelquefois aussi d'un éclat singulier. Ces taches se dilatent et se contractent, changent de forme et de nuance, empiètent les unes sur les autres. Le changement peut être lent et graduel. Il s'accomplit aussi parfois avec une extrême rapidité. D'où vient cette fantasmagorie ? Les physiologistes et les psychologues ont parlé de « poussière lumineuse », de « spectres oculaires », de « phosphènes » ; ils attribuent d'ailleurs ces apparences aux modifications légères qui se produisent sans cesse dans la circulation rétinienne, ou bien encore à la pression que la paupière fermée exerce sur le globe oculaire, excitant mécaniquement le nerf optique. Mais peu importe l'explication du phénomène et le nom qu'on lui donne. Il se rencontre chez tout le monde, et il fournit, sans aucun doute, l'étoffe où nous taillons beaucoup de nos rêves.

Déjà Alfred Maury et, vers la même époque, le marquis d'Hervey de Saint-Denis avaient remarqué que ces taches colorées aux formes mouvantes peuvent se consolider au moment où l'on s'assoupit, dessinant ainsi les contours des objets qui vont composer le rêve. Mais l'observation était un peu sujette à caution, car elle émanait de psychologues à moitié endormis. Un philosophe américain, G. T. Ladd, professeur à Yale University, a imaginé depuis lors une méthode plus rigoureuse, mais d'une application difficile, parce qu'elle exige une espèce de dressage. Elle consiste à garder les yeux fermés quand on se réveille, et à retenir pendant quelques instants le rêve qui va s'envoler, — s'envoler du champ de la vision et bientôt aussi, sans doute, de celui de la mémoire. Alors on voit les objets du rêve se dissoudre en phosphènes, et se confondre avec les taches colorées que l'œil apercevait réellement quand il avait les paupières closes. On lisait par exemple un journal : voilà le rêve. On se réveille, et du journal dont les lignes s'estompent il reste une tache blanche avec de vagues raies noires : voilà la réalité. Ou bien encore le rêve nous promenait en pleine mer ; à perte de vue, l'océan développait ses vagues grises couronnées d'une blanche écume. Au réveil, tout vient se perdre dans une grande tache d'un gris pâle parsemée de points brillants. La tache était là, les points brillants aussi. Il y avait donc bien, offerte à notre perception pendant notre Sommeil, une *poussière visuelle,* et cette poussière a servi à la fabrication du rêve.

Sert-elle toute seule ? Pour ne parler encore que du sens de la vue, disons qu'à côté des sensations visuelles dont la source est interne il en est qui ont une cause extérieure. Les paupières ont beau être closes, l'œil distingue encore la lumière de l'ombre et reconnaît même, jusqu'à un certain point, la nature de la lumière. Or, les sensations provoquées par une lumière réelle sont à l'origine de beaucoup de nos rêves. Une bougie qu'on allume brusquement fera surgir chez le dormeur, si son sommeil n'est pas trop profond, un ensemble de visions que dominera l'idée d'incendie. Tissié en cite deux exemples : « B… rêve que le théâtre d'Alexandrie est en *feu* ; la flamme éclaire tout un quartier. Tout à coup il se trouve transporté au milieu du bassin de la place des Consuls ; une rampe de *feu* court le long des chaînes qui relient les grosses bornes placées autour du bassin. Puis il se retrouve à Paris à l'Exposition qui est en *feu…*, il assiste à des scènes déchirantes, etc. Il se réveille en sursaut. Ses yeux recevaient le faisceau de lumière projeté par la lanterne sourde que la sœur de ronde tournait vers son lit en passant. — M… rêve qu'il s'est engagé dans l'infanterie de marine, où il a servi jadis. Il va à Fort-de-France, à Toulon, à Lorient, en Crimée, à Constantinople. Il aperçoit *des éclairs, il* entend le tonnerre…, il assiste enfin à un combat dans lequel il voit le *feu* sortir des bouches de canon. Il se réveille en sursaut. Comme B…, il était réveillé par le jet de lumière projeté par la lanterne sourde de la sœur de ronde. » Tels sont les rêves que peut provoquer une lumière vive et inattendue.

Assez différents sont ceux que suggère une lumière continue et douce, comme celle de la lune. Krauss raconte qu'une nuit, en se réveillant, il s'aperçut qu'il tendait encore les bras vers ce qui avait été, dans son rêve, une jeune fille, vers ce qui n'était plus maintenant que la lune, dont il recevait en plein les rayons. Ce cas n'est pas le seul ; il semble que les rayons de la lune, caressant les yeux du dormeur, aient la vertu de faire surgir ainsi des apparitions virginales. Ne serait-ce pas ce qu'exprime la fable d'Endymion — le berger à jamais endormi, que la déesse Séléné (autrement dit, la Lune) aime d'un profond amour ?

L'oreille a aussi ses sensations intérieures — bourdonnement, tintement, sifflement — que nous distinguons mal pendant la veille et que le sommeil détache nettement. Nous continuons d'ailleurs, une fois endormis, à entendre certains bruits du dehors. Le craquement d'un meuble, le feu qui pétille, la pluie qui fouette la fenêtre, le vent qui joue sa gamme chromatique dans la cheminée, autant de sons qui frappent encore l'oreille et que le rêve convertit en conversation, cris, concert, etc. On frotte des ciseaux contre des pincettes aux oreilles d'Alfred Maury pendant qu'il dort : il rêve aussitôt qu'il entend le tocsin et qu'il assiste aux événements de juin 1848. Je pourrais citer d'autres exemples. Mais il s'en faut que les sons tiennent autant de place que les formes et les couleurs dans la plupart des songes. Les sensations visuelles prédominent ; souvent même nous ne faisons que voir, alors que nous croyons également entendre. Il nous arrive, selon la remarque de Max Simon, de soutenir en rêve toute une conversation et de nous apercevoir soudain que personne ne parle, que personne n'a parlé. C'était, entre notre interlocuteur et nous, un échange direct de pensées, un entretien silencieux. Phénomène étrange, et pourtant facile à expliquer. Pour que nous entendions des sons en rêve, il faut généralement qu'il y ait des bruits réels perçus. Avec rien le rêve ne fait rien ; et là où nous ne lui fournissons pas une matière sonore, il a de la peine à fabriquer de la sonorité.

Le toucher intervient d'ailleurs autant que l'ouïe. Un contact, une pression arrivent encore à la conscience pendant qu'on dort. Imprégnant de son influence les images qui occupent à ce moment le champ visuel, la sensation tactile pourra en modifier la forme et la signification. Supposons que se fasse tout à coup sentir le contact du corps avec la chemise ; le dormeur se rappellera qu'il est vêtu légèrement. Si justement il croyait se promener alors dans la rue, c'est dans ce très simple appareil qu'il s'offrira aux regards des passants. Ceux-ci n'en seront d'ailleurs pas choqués, car il est rare que les excentricités auxquelles nous nous livrons en songe paraissent émouvoir les spectateurs, si confus que nous en puissions être nous-mêmes. Je viens de citer un rêve bien connu. En voici un autre, que beaucoup d'entre vous ont dû faire. Il consiste à se sentir voler, planer, traverser l'espace sans toucher terre. En général, quand il s'est produit une fois, il tend à se reproduire, et à chaque nouvelle expérience on se dit : « J'ai souvent rêvé que j'évoluais au-dessus du sol, mais cette fois je suis bien éveillé. Je sais maintenant, et je vais montrer aux autres, qu'on peut s'affranchir des lois de la pesanteur. » Si vous vous réveillez brusquement, voici, je crois, ce que vous trouverez. Vous sentiez que vos pieds avaient perdu leurs points d'appui, puisque vous étiez en effet étendu. D'autre part, croyant ne pas dormir, vous n'aviez pas conscience d'être couché. Vous vous disiez donc que vous ne touchiez plus terre, encore que vous fussiez debout. C'est cette conviction que développait votre rêve. Remarquez, dans les cas où vous vous sentez voler, que vous croyez lancer votre corps sur le côté à droite ou à gauche, en l'enlevant d'un brusque mouvement du bras qui serait comme un coup d'aile. Or, ce côté est justement celui sur lequel vous êtes couché. Réveillez-vous, et vous trouverez que la sensation d'effort pour voler ne fait qu'un avec la sensation de pression du bras et du corps contre le lit. Celle-ci, détachée de sa cause, n'était plus qu'une vague sensation de fatigue, attribuable à un effort. Rattachée alors à la conviction que votre corps avait quitté le sol, elle s'est déterminée en sensation précise d'effort pour voler.

Il est intéressant de voir comment les sensations de pression, remontant jusqu'au champ visuel et profitant de la poussière lumineuse qui l'occupe, peuvent s'y transposer en formes et en couleurs. Max Simon rêva un jour qu'il était devant deux piles de pièces d'or, que ces piles étaient inégales et qu'il cherchait à les égaliser. Mais il n'y réussissait pas. Il en éprouvait un vif sentiment d'angoisse. Ce sentiment, grandissant d'instant en instant, finit par le réveiller. Il s'aperçut alors qu'une de ses jambes était retenue par les plis de la couverture, que ses deux pieds n'étaient pas au même niveau et cherchaient vainement à se rapprocher l'un de l'autre. Il était évidemment sorti de là une vague sensation d'*inégalité*, laquelle, faisant irruption dans le champ visuel et y rencontrant peut-être West l'hypothèse que je propose) une ou plusieurs taches jaunes, s'était exprimée visuellement par l'inégalité de deux piles de pièces d'or. Il y a donc, immanente aux sensations tactiles pendant le sommeil, une tendance à se visualiser, et à s'insérer sous cette forme dans le rêve.

Plus importantes encore sont les sensations de « toucher intérieur » émanant de tous les points de l'organisme, et plus particulièrement des viscères. Le sommeil peut leur donner, ou plutôt leur rendre, une finesse et une acuité singulières. Sans doute elles étaient là pendant la veille, mais nous en étions alors distraits par l'action, nous vivions extérieurement à nous-mêmes : le sommeil nous a fait rentrer en nous. Il arrive que des personnes sujettes aux laryngites, aux amygdalites, etc., se sentent reprises de leur affection au milieu d'un rêve et éprouvent alors du côté de la gorge des picotements désagréables. Simple illusion, se disent-elles au réveil. Hélas ! l'illusion devient bien vite réalité. On cite des maladies et des accidents graves, attaques d'épilepsie, affections cardiaques, etc., qui ont été ainsi prévues, prophétisées en songe. Ne nous étonnons donc pas si des philosophes comme Schopenhauer veulent que le rêve traduise à la conscience des ébranlements venus du système nerveux sympathique, si des psychologues tels que Scherner attribuent à chaque organe la puissance de provoquer des songes spécifiques qui le représenteraient symboliquement, et enfin si des médecins tels qu'Artigues ont écrit des traités sur « la valeur séméiologique » du rêve, sur la manière de le faire servir au diagnostic des maladies. Plus récemment, Tissié a montré comment les troubles de la digestion, de la respiration, de la circulation, se traduisent par des espèces déterminées de rêves.

Résumons ce qui précède. Dans le sommeil naturel, nos sens ne sont nullement fermés aux impressions extérieures. Sans doute ils n'ont plus la même précision ; mais en revanche ils retrouvent beaucoup d'impressions « subjectives » qui passaient inaperçues pendant la veille, quand nous nous mouvions dans un monde extérieur commun à tous les hommes, et qui reparaissent dans le sommeil, parce que nous ne vivons plus alors que pour nous. On ne peut même pas dire que notre perception se rétrécisse quand nous dormons ; elle élargit plutôt, dans certaines directions au moins, son champ d'opération. Il est vrai qu'elle perd en tension ce qu'elle gagne en extension. Elle n'apporte guère que du diffus et du confus. Ce n'en est pas moins avec de la sensation réelle que nous fabriquons du rêve.

Comment le fabriquons-nous ? Les sensations qui nous servent de matière sont vagues et indéterminées. Prenons celles qui figurent au premier plan, les taches colorées qui évoluent devant nous quand nous avons les paupières closes. Voici des lignes noires sur un fond blanc. Elles pourront représenter un tapis, un échiquier, une page d'écriture, une foule d'autres choses encore. Qui choisira ? Quelle est la forme qui imprimera sa décision à l'indécision de la matière ? — Cette forme est le souvenir.

Remarquons d'abord que le rêve ne crée généralement rien. Sans doute on cite quelques exemples de travail artistique, littéraire ou scientifique, exécuté au cours d'un songe. Je ne rappellerai que le plus connu de tous. Un musicien du XVIIIe siècle, Tartini, s'acharnait à une composition, mais la muse se montrait rebelle. Il s'endormit ; et voici que le diable en personne apparut, s'empara du violon, joua la sonate désirée. Cette sonate, Tartini l'écrivit de mémoire à son réveil ; il nous l'a transmise sous le nom de « Sonate du Diable ». Mais nous ne pouvons rien tirer d'un récit aussi sommaire. Il faudrait savoir si Tartini n'achevait pas la sonate pendant qu'il cherchait à se la remémorer. L'imagination du dormeur qui s'éveille ajoute parfois au rêve, le modifie rétroactivement, en bouche les trous, qui peuvent être considérables. J'ai cherché

Henri Bergson

des observations plus approfondies, et surtout d'une authenticité plus certaine ; je n'en ai pas trouvé d'autre que celle du romancier anglais Stevenson. Dans un curieux essai intitulé « A chapter on dreams », Stevenson nous apprend que ses contes les plus originaux ont été composés ou tout au moins esquissés en rêve. Mais lisez attentivement le chapitre : vous verrez que l'auteur a connu, pendant une certaine partie de sa vie, un état psychologique où il lui était difficile de savoir s'il dormait ou s'il veillait. Je crois, en effet, que lorsque l'esprit crée, lorsqu'il donne l'effort que réclame la composition d'une œuvre ou la solution d'un problème, il n'y a pas sommeil ; — du moins la partie de l'esprit qui travaille n'est-elle pas la même que celle qui rêve ; celle-là poursuit, dans le subconscient, une recherche qui reste sans influence sur le rêve et qui ne se manifeste qu'au réveil. Quant au rêve lui-même, il n'est guère qu'une résurrection du passé. Mais c'est un passé que nous pouvons ne pas reconnaître. Souvent il s'agit d'un détail oublié, d'un souvenir qui paraissait aboli et qui se dissimulait en réalité dans les profondeurs de la mémoire. Souvent aussi l'image évoquée est celle d'un objet ou d'un fait perçu distraitement, presque inconsciemment, pendant la veille. Surtout, il y a des fragments de souvenirs brisés que la mémoire ramasse çà et là, et qu'elle présente à la conscience du dormeur sous une forme incohérente. Devant cet assemblage dépourvu de sens, l'intelligence (qui continue à raisonner, quoi qu'on en ait dit) cherche une signification ; elle attribue l'incohérence à des lacunes qu'elle comble en évoquant d'autres souvenirs, lesquels, se présentant souvent dans le même désordre, appellent à leur tour une explication nouvelle, et ainsi de suite indéfiniment. Mais je n'insisterai pas là-dessus pour le moment. Qu'il me suffise de dire, pour répondre à la question posée tout à l'heure, que la puissance informatrice des matériaux transmis par les organes des sens, la puissance qui convertit en objets précis et déterminés les vagues impressions venues de l'œil, de l'oreille, de toute la surface et de tout l'intérieur du corps, c'est le souvenir.

Le souvenir ! À l'état de veille, nous avons bien des souvenirs qui paraissent et disparaissent, réclamant notre attention tour à tour. Mais ce sont des souvenirs qui se rattachent étroitement à notre situation et à notre action. Je me rappelle en ce moment le livre du marquis d'Hervey sur les rêves. C'est que je traite de la question du rêve et que je suis à l'Institut psychologique ; mon entourage et mon occupation, ce que je perçois et ce que je suis appelé à faire orientent dans une direction particulière l'activité de ma mémoire. Les souvenirs que nous évoquons pendant la veille, si étrangers qu'ils paraissent souvent à nos préoccupations du moment, s'y rattachent toujours par quelque côté. Quel est le rôle de la mémoire chez l'animal ? C'est de lui rappeler, en chaque circonstance, les conséquences avantageuses ou nuisibles qui ont pu suivre des antécédents analogues, et de le renseigner ainsi sur ce qu'il doit faire. Chez l'homme, la mémoire est moins prisonnière de l'action, je le reconnais, mais elle y adhère encore : nos souvenirs, à un moment donné, forment un tout solidaire, une pyramide, si vous voulez, dont le sommet sans cesse mouvant coïncide avec notre présent et s'enfonce avec lui dans l'avenir. Mais derrière les souvenirs qui viennent se poser ainsi sur notre occupation présente et se révéler au moyen d'elle, il y en a d'autres, des milliers et des milliers d'autres, en bas, au-dessous de la scène illuminée par la conscience. Oui, je crois que notre vie passée est là, conservée jusque dans ses moindres détails, et que nous n'oublions rien, et que tout ce que nous avons perçu, pensé, voulu depuis le premier éveil de notre conscience, persiste indéfiniment. Mais les souvenirs que ma mémoire conserve ainsi dans ses plus obscures profondeurs y sont à l'état de fantômes invisibles. Ils aspirent peut-être à la lumière ; ils n'essaient pourtant pas d'y remonter ; ils savent que c'est impossible, et que moi, être vivant et agissant, j'ai autre chose à faire que de m'occuper d'eux. Mais supposez qu'à un moment donné *je me désintéresse* de la situation présente, de l'action pressante, enfin de ce qui concentrait sur un seul point toutes les activités de la mémoire. Supposez, en d'autres termes, que je m'endorme. Alors ces souvenirs immobiles, sentant que je viens d'écarter l'obstacle, de soulever la trappe qui les maintenait dans le sous-sol de la conscience, se mettent en mouvement. Ils se lèvent, ils s'agitent, ils exécutent, dans la nuit de l'inconscient, une immense danse macabre. Et, tous ensemble, ils courent à la porte qui vient de s'entr'ouvrir. Ils voudraient bien passer tous. Ils ne le peuvent pas, ils sont trop. De cette multitude d'appelés, quels seront les élus ? Vous le devinez sans peine. Tout à l'heure, quand je veillais, les souvenirs admis étaient ceux qui pouvaient invoquer des rapports de parenté avec

Henri Bergson

la situation présente, avec mes perceptions actuelles. Maintenant, ce sont des formes plus vagues qui se dessinent à mes yeux, ce sont des sons plus indécis qui impressionnent mon oreille, c'est un toucher plus indistinct qui est éparpillé à la surface de mon corps ; mais ce sont aussi des sensations plus nombreuses qui me viennent de l'intérieur de mes organes. Eh bien, parmi les souvenirs-fantômes qui aspirent à se lester de couleur, de sonorité, de matérialité enfin, ceux-là seuls y réussiront qui pourront s'assimiler la poussière colorée que j'aperçois, les bruits du dehors et du dedans que j'entends, etc., et qui, de plus, s'harmoniseront avec l'état affectif général que mes impressions organiques composent. Quand cette jonction s'opérera entre le souvenir et la sensation, j'aurai un rêve.

Dans une page poétique des *Ennéades,* le philosophe Plotin, interprète et continuateur de Platon, nous explique comment les hommes naissent à la vie. La nature, dit-il, ébauche des corps vivants, mais les ébauche seulement. Laissée à ses seules forces, elle n'irait pas jusqu'au bout. D'autre part, les âmes habitent dans le monde des Idées. Incapables d'agir et d'ailleurs n'y pensant pas, elles planent au-dessus du temps, en dehors de l'espace. Mais parmi les corps, il en est qui répondent davantage, par leur forme, aux aspirations de telles ou telles âmes. Et parmi les âmes, il en est qui se reconnaissent davantage dans tels ou tels corps. Le corps, qui ne sort pas tout à fait viable des mains de la nature, se soulève vers l'âme qui lui donnerait la vie complète. Et l'âme, regardant le corps où elle croit apercevoir le reflet d'elle-même, fascinée comme si elle fixait un miroir, se laisse attirer, s'incline et tombe. Sa chute est le commencement de la vie. Je comparerais à ces âmes détachées les souvenirs qui attendent au fond de l'inconscient. Comme aussi nos sensations nocturnes ressemblent à ces corps à peine ébauchés. La sensation est chaude, colorée, vibrante et presque vivante, mais indécise. Le souvenir est net et précis, mais sans intérieur et sans vie. La sensation voudrait bien trouver une forme sur laquelle fixer l'indécision de ses contours. Le souvenir voudrait bien obtenir une matière pour se remplir, se lester, s'actualiser enfin. Ils s'attirent l'un l'autre, et le souvenir-fantôme, se matérialisant dans la sensation qui lui apporte du sang et de la chair, devient un être qui vivra d'une vie propre, un rêve.

La naissance du rêve n'a donc rien de mystérieux. Nos songes

IV. LE RÊVE

s'élaborent à peu près comme notre vision du monde réel. Le mé-canisme de l'opération est le même dans ses grandes lignes. Ce que nous voyons d'un objet placé sous nos yeux, ce que nous enten-dons d'une phrase prononcée à notre oreille, est peu de chose, en effet, à côté de ce que notre mémoire y ajoute. Quand vous par-courez votre journal, quand vous feuilletez un livre, croyez-vous apercevoir effectivement chaque lettre de chaque mot, ou même chaque mot de chaque phrase ? Vous ne liriez pas alors beaucoup de pages dans votre journée. La vérité est que vous ne percevez du mot, et même de la phrase, que quelques lettres ou quelques traits caractéristiques, juste ce qu'il faut pour deviner le reste : tout le reste, vous vous figurez le voir, vous vous en donnez en réa-lité l'hallucination. Des expériences nombreuses et concordantes ne laissent aucun doute à cet égard. Je ne citerai que celles de Goldscheider et Mueller. Ces expérimentateurs écrivent ou im-priment des formules d'un usage courant : « Entrée strictement interdite » « Préface à la quatrième édition », etc. ; mais ils ont soin de faire des fautes, changeant et surtout omettant des lettres. La personne qui doit servir de sujet d'expérience est placée de-vant ces formules, dans l'obscurité, et ignore naturellement ce qui a été écrit. Alors on illumine l'inscription pendant un temps très court, trop court pour que l'observateur puisse apercevoir toutes les lettres. On a commencé en effet par déterminer expérimentale-ment le temps nécessaire à la vision d'une lettre de l'alphabet ; est donc facile de faire en sorte que le sujet ne puisse pas distinguer plus de huit ou dix lettres, par exemple, sur les trente ou quarante qui composent la formule. Or, le plus souvent, il lit cette formule sans difficulté. Mais là n'est pas pour nous le point le plus instructif de cette expérience.

Si l'on demande à l'observateur quelles sont les lettres qu'il est sûr d'avoir aperçues, les lettres qu'il désigne peuvent être effectivement présentes ; mais ce seront tout aussi bien des lettres absentes, qu'on aura remplacées par d'autres ou simplement omises. Ainsi, parce que le sens paraissait l'exiger, il aura vu se détacher en pleine lu-mière des lettres inexistantes. Les caractères réellement aperçus ont donc servi à évoquer un souvenir. La mémoire inconsciente, retrouvant la formule à laquelle ils donnaient un commencement de réalisation, a projeté ce souvenir au dehors sous une forme hal-

Henri Bergson

lucinatoire. C'est ce souvenir que l'observateur a *vu*, autant et plus que l'inscription elle-même, Bref, la lecture courante est un travail de divination, mais non pas de divination abstraite : c'est une extériorisation de souvenirs, de perceptions simplement remémorées et par conséquent irréelles, lesquelles profitent de la réalisation partielle qu'elles trouvent çà et là pour se réaliser intégralement.

Ainsi, à l'état de veille, la connaissance que nous prenons d'un objet implique une opération analogue à celle qui s'accomplit en rêve. Nous n'apercevons de la chose que son ébauche ; celle-ci lance un appel au souvenir de la chose complète ; et le souvenir complet, dont notre esprit n'avait pas conscience, qui nous restait en tout cas intérieur comme une simple *pensée*, profite de l'occasion pour s'élancer dehors. C'est cette espèce d'hallucination, insérée dans un cadre réel, que nous nous donnons quand nous *voyons* la chose. Il y aurait d'ailleurs beaucoup à dire sur l'attitude et la conduite du souvenir au cours de l'opération. Il ne faut pas croire que les souvenirs logés au fond de la mémoire y restent inertes et indifférents. Ils sont dans l'attente, ils sont presque attentifs. Quand, l'esprit plus ou moins préoccupé, nous déplions notre journal, ne nous arrive-t-il pas de tomber tout de suite sur un mot qui répond justement à notre préoccupation ? Mais la phrase n'a pas de sens, et nous nous apercevons bien vite que le mot lu par nous n'était pas le mot imprimé : il y avait simplement entre eux certains traits communs, une vague ressemblance de configuration. L'idée qui nous absorbait avait donc dû donner l'éveil, dans l'inconscient, à toutes les images de la même famille, à tous les souvenirs de mots correspondants, et leur faire espérer, en quelque sorte, un retour à la conscience. Celui-là est effectivement redevenu conscient que la perception actuelle d'une certaine forme de mot commençait à actualiser.

Tel est le mécanisme de la perception proprement dite, et tel est celui du rêve. Dans les deux cas il y a, d'un côté, des impressions réelles faites sur les organes des sens, et, de l'autre, des souvenirs qui viennent s'insérer dans l'impression et profiter de sa vitalité pour revenir à la vie.

Mais alors, où est la différence entre percevoir et rêver ? Qu'est-ce que dormir ? Je ne demande pas, bien entendu, quelles sont les conditions physiologiques du sommeil. C'est une question à débattre entre physiologistes ; elle est loin d'être tranchée. Je demande comment nous devons nous représenter l'état d'âme de l'homme qui dort. Car l'esprit continue à fonctionner pendant le sommeil ; il s'exerce, — nous venons de le voir, — sur des sensations, sur des souvenirs ; et soit qu'il dorme, soit qu'il veille, il combine la sensation avec le souvenir qu'elle appelle. Le mécanisme de l'opération paraît être le même dans les deux cas. Pourtant nous avons d'un côté la perception normale, de l'autre le rêve. Le mécanisme ne travaille donc pas, ici et là, de la même manière. Où est la différence ? Et quelle est la caractéristique psychologique du sommeil ?

Ne nous fions pas trop aux théories. On a dit que dormir consistait à s'isoler du monde extérieur. Mais nous avons montré que le sommeil ne ferme pas nos sens aux impressions du dehors, qu'il leur emprunte les matériaux de la plupart des songes. On a vu encore dans le sommeil un repos donné aux fonctions supérieures de la pensée, une suspension du raisonnement. Je ne crois pas que ce soit plus exact. Dans le rêve, nous devenons souvent *indifférents* à la logique, mais non pas *incapables* de logique. Je dirai presque, au risque de côtoyer le paradoxe, que le tort du rêveur est plutôt de raisonner trop. Il éviterait l'absurde s'il assistait en simple spectateur au défilé de ses visions. Mais quand il veut à toute force en donner une explication, sa logique, destinée à relier entre elles des images incohérentes, ne peut que parodier celle de la raison et frôler l'absurdité. Je reconnais d'ailleurs que les fonctions supérieures de l'intelligence se relâchent pendant le sommeil, et que, même si elle n'y est pas encouragée par le jeu incohérent des images, la faculté de raisonner s'amuse parfois alors à contrefaire le raisonnement normal. Mais on en dirait autant de toutes les autres facultés. Ce n'est donc pas par l'abolition du raisonnement, non plus que par l'occlusion des sens, que nous caractériserons l'état de rêve. Laissons de côté les théories et prenons contact avec le fait.

Il faut instituer une expérience décisive sur soi-même. Au sortir du rêve — puisqu'on ne peut guère s'analyser au cours du rêve lui-même — on épiera le passage du sommeil à la veille, on le serrera d'aussi près qu'on pourra : attentif à ce qui est essentiellement inattention, on surprendra, du point de vue de la veille, l'état d'âme encore présent de l'homme qui dort. C'est difficile, ce n'est pas impossible à qui s'y est exercé patiemment. Permettez ici au conférencier

Henri Bergson

de vous raconter un de ses rêves, et ce qu'il crut constater au réveil.

Donc, le rêveur se croit à la tribune, haranguant une assemblée. Un murmure confus s'élève du fond de l'auditoire. Il s'accentue ; il devient grondement, hurlement, vacarme épouvantable. Enfin résonnent de toutes parts, scandés sur un rythme régulier, les cris : « À la porte ! à la porte ! » Réveil brusque à ce moment. Un chien aboyait dans le jardin voisin, et avec chacun des « Ouâ, ouâ » du chien un des cris « À la porte » se confondait. Voilà l'instant à saisir. Le moi de la veille, qui vient de paraître, va se retourner vers le moi du rêve, qui est encore là, et lui dire : « Je te prends en flagrant délit. Tu me montres une assemblée qui crie, et il y a simplement un chien qui aboie. N'essaie pas de fuir ; je te tiens ; tu me livreras ton secret, tu vas me laisser voir ce que tu faisais. » À quoi le moi des rêves répondra : « Regarde : *Je ne faisais rien*, et c'est justement par là que nous différons, toi et moi, l'un de l'autre. Tu t'imagines que pour entendre un chien aboyer, et pour comprendre que c'est un chien qui aboie, tu n'as rien à faire ? Erreur profonde ! Tu donnes, sans t'en douter, un effort considérable. Il faut que tu prennes ta mémoire entière, toute ton expérience accumulée, et que tu l'amènes, par un resserrement soudain, à ne plus présenter au son entendu qu'un seul de ses points, le souvenir qui ressemble le plus à cette sensation et qui peut le mieux l'interpréter : la sensation est alors recouverte par le souvenir. Il faut d'ailleurs que tu obtiennes l'adhérence parfaite, qu'il n'y ait pas le plus léger écart entre eux (sinon, tu serais précisément dans le rêve) ; cet ajustement, tu ne peux l'assurer que par une attention ou plutôt par une tension simultanée de la sensation et de la mémoire : ainsi fait le tailleur quand il vient t'essayer un vêtement simplement « bâti » ; il épingle, il serre autant qu'il peut l'étoffe sur ton corps qui s'y prête. Ta vie, à l'état de veille, est donc une vie de travail, même quand tu crois ne rien faire, car à tout moment tu dois choisir, et à tout moment exclure. Tu choisis parmi tes sensations, puisque tu rejettes de ta conscience mille sensations « subjectives » qui reparaissent aussitôt que tu t'endors. Tu choisis, avec une précision et une délicatesse extrêmes, parmi tes souvenirs, puisque tu écartes tout souvenir qui ne se moule pas sur ton état présent. Ce choix que tu effectues sans cesse, cette adaptation continuellement renouvelée, est la condition essentielle de ce qu'on appelle le bon sens. Mais adaptation et choix te maintiennent dans un état de *tension* ininterrompue. Tu ne t'en rends pas compte sur le moment, pas plus que tu ne sens la pression de l'atmosphère. Mais tu te fatigues à la longue. Avoir du bon sens est très fatigant.

« Or, je te le disais tout à l'heure : je diffère de toi précisément en ce que je ne fais rien. L'effort que tu fournis sans trêve, je m'abstiens purement et simplement de le donner. Tu t'attaches à la vie ; je suis détaché d'elle. Tout me devient indifférent. Je me désintéresse de tout. Dormir, c'est se désintéresser[9]. On dort dans l'exacte mesure où l'on se désintéresse. Une mère qui dort à côté de son enfant pourra ne pas entendre des coups de tonnerre, alors qu'un soupir de l'enfant la réveillera. Dormait-elle réellement pour son enfant ? Nous ne dormons pas pour ce qui continue à nous intéresser.

« Tu me demandes ce que je fais quand je rêve ? Je vais te dire ce que tu fais quand tu veilles. Tu me prends, — moi, le moi des rêves, moi, la totalité de ton passé, — et tu m'amènes, de contraction en contraction, à m'enfermer dans le très petit cercle que tu traces autour de ton action présente. Cela c'est veiller, c'est vivre de la vie psychologique normale, c'est lutter, c'est vouloir. Quant au rêve, as-tu besoin que je te l'explique ? C'est l'état où tu te retrouves naturellement dès que tu t'abandonnes, dès que tu négliges de te concentrer sur un seul point, dès que tu cesses de vouloir. Si tu insistes, si tu exiges qu'on t'explique quelque chose, demande comment ta volonté s'y prend, à tout moment de la veille, pour obtenir instantanément et presque inconsciemment la concentration de tout ce que tu portes en toi sur le point qui t'intéresse. Mais adresse-toi alors à la psychologie de la veille. Elle a pour principale fonction de te répondre, car *veiller* et *vouloir* sont une seule et même chose. »

Voilà ce que dirait le moi des rêves. Et il nous raconterait beaucoup d'autres choses si nous le laissions faire. Mais il est temps de conclure. Où est la différence essentielle entre le rêve et la veille ? Nous nous résumerons en disant que les mêmes facultés s'exercent, soit qu'on veille soit qu'on rêve, mais qu'elles sont tendues dans un cas et relâchées dans l'autre. Le rêve est la vie mentale tout entière, moins l'effort de concentration. Nous percevons encore, nous nous souvenons encore, nous raisonnons encore : perceptions, souvenirs et raisonnements peuvent abonder chez le rêveur, car abondance,

Henri Bergson

dans le domaine de l'esprit, ne signifie pas effort. Ce qui exige de l'effort, c'est *la précision de l'ajustement*. Pour qu'un aboiement de chien décroche dans notre mémoire, en passant, le souvenir d'un grondement d'assemblée, nous n'avons rien à faire. Mais pour qu'il y aille rejoindre, de préférence à tous les autres souvenirs, le souvenir d'un aboiement de chien, et pour qu'il puisse dès lors être interprété, c'est-à-dire effectivement perçu comme un aboiement, il faut un effort positif. Le rêveur n'a plus la force de le donner. Par là, et par là seulement, il se distingue de l'homme qui veille.

Telle est la différence. Elle s'exprime sous bien des formes. Je n'entrerai pas dans le détail ; je me bornerai à attirer votre attention sur deux ou trois points : l'instabilité du rêve, la rapidité avec laquelle il peut se dérouler, la préférence qu'il donne aux souvenirs insignifiants.

L'instabilité s'explique aisément. Comme le rêve a pour essence de ne pas ajuster exactement la sensation au souvenir, mais de laisser du jeu, contre la même sensation de rêve s'appliqueront aussi bien des souvenirs très divers. Voici par exemple, dans le champ de la vision, une tache verte parsemée de points blancs. Elle pourra matérialiser le souvenir d'une pelouse avec des fleurs, celui d'un billard avec ses billes, — beaucoup d'autres encore. Tous voudraient revivre dans la sensation, tous courent à sa poursuite. Quelquefois ils l'atteignent l'un après l'autre : la pelouse *devient* billard et nous assistons à des transformations extraordinaires. Parfois ils la rejoignent ensemble : alors la pelouse *est* billard, — absurdité que le rêveur cherchera peut-être à lever par un raisonnement qui l'aggravera encore.

La rapidité de déroulement de certains rêves me paraît être un autre effet de la même cause. En quelques secondes, le rêve peut nous présenter une série d'événements qui occuperait des journées entières pendant la veille. Vous connaissez l'observation d'Alfred Maury[10] : elle est restée classique, et, quoi qu'on en ait dit dans ces derniers temps, je la tiens pour vraisemblable, car j'ai trouvé des récits analogues dans la littérature du rêve. Mais cette précipitation des images n'a rien de mystérieux. Remarquez que les images de rêve sont surtout visuelles ; les conversations que le rêveur croit avoir entendues sont la plupart du temps reconstituées, complétées, amplifiées au réveil : peut-être même, dans certains cas, n'était-ce que la pensée de la conversation, sa signification globale, qui accompagnait les images. Or, une multitude aussi grande qu'on voudra d'images visuelles peut être donnée tout d'un coup, en panorama ; à plus forte raison tiendra-t-elle dans la succession d'un petit nombre d'instants. Il n'est donc pas étonnant que le rêve ramasse en quelques secondes ce qui s'étendrait sur plusieurs journées de veille : il voit en raccourci ; il procède, en définitive, comme fait la mémoire. À l'état de veille, le souvenir visuel qui nous sert à interpréter la sensation visuelle est obligé de se poser exactement sur elle ; il en suit donc le déroulement, il occupe le même temps ; bref, la perception reconnue des événements extérieurs dure juste autant qu'eux. Mais, dans le rêve, le souvenir interprétatif de la sensation visuelle reconquiert sa liberté ; la fluidité de la sensation visuelle fait que le souvenir n'y adhère pas ; le rythme de la mémoire interprétative n'a donc plus à adopter celui de la réalité ; et les images peuvent dès lors se précipiter, s'il leur plaît, avec une rapidité vertigineuse, comme feraient celles du film cinématographique si l'on n'en réglait pas le déroulement, Précipitation, pas plus qu'abondance, n'est signe de force dans le domaine de l'esprit : c'est le réglage, c'est toujours la précision de l'ajustement qui réclame un effort. Que la mémoire interprétative se tende, qu'elle fasse attention à la vie, qu'elle sorte enfin du rêve : les évènements du dehors scanderont sa marche et ralentiront son allure, — comme, dans une horloge, le balancier découpe en tranches et répartit sur une durée de plusieurs jours la détente du ressort qui serait presque instantanée si elle était libre.

Resterait à chercher pourquoi le rêve préfére tel ou tel souvenir à d'autres, également capables de se poser sur les sensations actuelles. Les fantaisies du rêve ne sont guère plus explicables que celles de la veille ; du moins peut-on en signaler la tendance la plus marquée. Dans le sommeil normal, nos songes ramènent plutôt les pensées qui ont passé comme des éclairs ou les objets que nous avons perçus sans fixer sur eux notre attention. Si nous rêvons, la nuit, des évènements de la journée, ce sont les incidents insignifiants, et non pas les faits importants, qui auront le plus de chances de reparaître. Je me rallie entièrement aux vues de Delage, de W. Robert et de Freud sur ce point[11]. Je suis dans la rue ; j'attends le tramway ; il ne saurait me toucher puisque je me tiens sur le trottoir : si, au moment où il me frôle, l'idée d'un danger possible me traverse l'esprit, — que dis-je ?, si mon corps recule instinctivement sans que j'aie même conscience d'avoir peur, je pourrai rêver, la nuit suivante, que le tramway m'écrase. Je veille pendant le jour un malade dont l'état est désespéré. Qu'une lueur d'espoir s'allume en moi un instant, — lueur fugitive, presque inaperçue, — mon rêve de la nuit pourra me montrer le malade guéri ; en tous cas je rêverai guérison plutôt que je ne rêverai mort ou maladie. Bref, ce qui revient de préférence est ce qui était le moins remarqué. Rien d'étonnant à cela. Le moi qui rêve est un moi distrait, qui se détend. Les souvenirs qui s'harmonisent le mieux avec lui sont les souvenirs de distraction, qui ne portent pas la marque de l'effort.

Telles sont les observations que je voulais vous présenter au sujet des rêves. Elles sont bien incomplètes. Encore ne portent-elles que sur les rêves que nous connaissons aujourd'hui, sur ceux dont on se souvient et qui appartiennent plutôt au sommeil léger. Quand on dort profondément, on fait peut-être des songes d'une autre nature, mais il n'en reste pas grand-chose au réveil. J'incline à croire, — mais pour des raisons surtout théoriques et par conséquent hypothétiques — que nous avons alors une vision beaucoup plus étendue et plus détaillée de notre passé. Sur ce sommeil profond la psychologie devra diriger son effort, non seulement pour y étudier la structure et le fonctionnement de la mémoire inconsciente, mais encore pour scruter les phénomènes plus mystérieux qui relèvent de la « recherche psychique ». Je ne m'aventurerai pas sur ce terrain ; je ne puis cependant m'empêcher d'attacher quelque importance aux observations recueillies avec un si infatigable zèle par la « Society for psychical Research ». Explorer l'inconscient, travailler dans le sous-sol de l'esprit avec des méthodes spécialement appropriées, telle sera la tâche principale de la psychologie dans le siècle qui s'ouvre. Je ne doute pas que de belles découvertes ne l'y attendent, aussi importantes peut-être que l'ont été, dans les siècles précédents, celles des sciences physiques et naturelles. C'est du moins le vœu que je forme pour elle ; c'est le souhait que je lui adresse en terminant.

IV. LE RÊVE

V. LE SOUVENIR DU PRÉSENT
ET LA FAUSSE RECONNAISSANCE [12]

L'illusion sur laquelle nous allons présenter quelques vues théoriques est bien connue. Brusquement, tandis qu'on assiste à un spectacle ou qu'on prend part à un entretien, la conviction surgit qu'on a déjà vu ce qu'on voit, déjà entendu ce qu'on entend, déjà prononcé les phrases qu'on prononce, — qu'on était là, à la même place, dans les mêmes dispositions, sentant, percevant, pensant et voulant les mêmes choses, — enfin qu'on revit jusque dans le moindre détail quelques instants de sa vie passée. L'illusion est parfois si complète qu'à tout moment, pendant qu'elle dure, on se croit sur le point de prédire ce qui va arriver : comment ne le saurait-on pas déjà, puisqu'on sent qu'on va l'avoir su ? Il n'est pas rare qu'on aperçoive alors le monde extérieur sous un aspect singulier, comme dans un rêve ; on devient étranger à soi-même, tout près de se dédoubler et d'assister en simple spectateur à ce qu'on dit et à ce qu'on fait. Cette dernière illusion poussée jusqu'au bout et devenue « dépersonnalisation[13] », n'est pas indissolublement liée à la fausse reconnaissance ; elle s'y rattache cependant. Tous ces symptômes sont d'ailleurs plus ou moins accusés. L'illusion, au lieu de se dessiner sous sa forme complète, se présente souvent à l'état d'ébauche. Mais, esquisse ou dessin achevé, elle a toujours sa physionomie originale.

On possède bien des observations de fausse reconnaissance : elles se ressemblent d'une manière frappante ; elles sont souvent formulées en termes identiques. Nous avons entre les mains l'auto-observation qu'a bien voulu rédiger pour nous un homme de lettres, habile à s'étudier lui-même, qui n'avait jamais entendu parler de l'illusion de fausse reconnaissance et qui croyait être seul à l'éprouver. Sa description se compose d'une dizaine de phrases : toutes se rencontrent, à peu près telles quelles, dans des observations déjà publiées. Nous nous félicitons d'abord d'y avoir au moins relevé une expression nouvelle : l'auteur nous dit que ce qui domine le phénomène est une sensation d' « inévitabilité », comme si aucune puissance au monde ne pouvait arrêter les paroles et les actes qui vont venir. Mais voici que, relisant les observations recueillies par

M. Bernard-Leroy, nous avons trouvé dans l'une d'elles le même mot : « J'assistais à mes actions ; elles étaient inévitables[14]. » En vérité, on peut se demander s'il existe une illusion aussi nettement stéréotypée.

Nous ne comprendrons pas dans la fausse reconnaissance certaines illusions qui ont tel ou tel trait commun avec elle, mais qui en diffèrent par leur aspect général. M. Arnaud a décrit en 1896 un cas remarquable qu'il étudiait depuis trois ans déjà : pendant ces trois années le sujet avait éprouvé ou *cru éprouver*, d'une manière continue, l'illusion de fausse reconnaissance, s'imaginant revivre à nouveau toute sa vie[15]. Ce cas n'est d'ailleurs pas unique ; nous croyons qu'il faut le rapprocher d'un cas déjà ancien de Pick[16], d'une observation de Kraepelin[17], et aussi de celle de Forel[18]. La lecture de ces observations fait tout de suite penser à quelque chose d'assez différent de la fausse reconnaissance. Il ne s'agit plus d'une impression brusque et courte, qui surprend par son étrangeté. Le sujet trouve au contraire que ce qu'il éprouve est normal ; il a parfois besoin de cette impression, il la cherche quand elle lui manque et la croit d'ailleurs plus continue qu'elle ne l'est en réalité. Maintenant, à y regarder de près, on découvre des différences autrement profondes. Dans la fausse reconnaissance, le souvenir illusoire n'est jamais localisé en un point du passé ; il habite un passé indéterminé, le passé en général. Ici, au contraire, les sujets rapportent souvent à des dates précises leurs prétendues expériences antérieures ; ils sont en proie à une véritable hallucination de la mémoire. Remarquons en outre que ce sont tous des aliénés : celui de Pick, ceux de Forel et d'Arnaud ont des idées délirantes de persécution ; celui de Kraepelin est un maniaque, halluciné de la vue et de l'ouïe. Peut-être faudrait-il rapprocher leur trouble mental de celui qui a été décrit par Coriat sous le nom de « reduplicative paramnesia[19] » et que Pick lui-même, dans un travail plus récent, a appelé « une nouvelle forme de paramnésie » [20]. Dans cette dernière affection, le sujet croit avoir déjà vécu plusieurs fois sa vie actuelle. Le malade d'Arnaud avait précisément cette illusion.

Plus délicate est la question soulevée par les études de M. Pierre Janet sur la psychasthénie. À l'opposé de la plupart des auteurs, M. Janet fait de la fausse reconnaissance un état nettement pathologique, relativement rare, en tout cas vague et indistinct, où l'on se serait trop hâté de voir une illusion spécifique de la mémoire[21]. Il s'agirait en réalité d'un trouble plus général. La « fonction du réel » se trouvant affaiblie, le sujet n'arriverait pas à appréhender complètement l'actuel ; il ne sait dire au juste si c'est du présent, du passé ou même de l'avenir ; il se décidera pour le passé quand on lui aura suggéré cette idée par les questions mêmes qu'on lui pose. — Que la psychasthénie, si profondément étudiée par M. Pierre Janet, soit le terrain sur lequel peuvent pousser une foule d'anomalies, personne ne le contestera : la fausse reconnaissance est du nombre. Et nous ne contesterons pas davantage le caractère psychasthénique de la fausse reconnaissance en général. Mais rien ne prouve que ce phénomène, quand on le trouve précis, complet, nettement analysable en perception et souvenir, quand surtout il se produit chez des gens qui ne présentent aucune autre anomalie, ait la même structure interne que celui qui se dessine sous une forme vague, à l'état de simple tendance ou de virtualité, dans des esprits qui réunissent tout un ensemble de symptômes psychasthéniques. Supposons en effet que la fausse reconnaissance proprement dite — trouble toujours passager et sans gravité — soit un moyen imaginé par la nature pour localiser en un certain point, limiter à quelques instants et réduire ainsi à sa forme la plus bénigne une certaine insuffisance qui, étendue et comme délayée sur l'ensemble de la vie psychologique, *eût été* de la psychasthénie : il faudra s'attendre à ce que cette concentration sur un point unique donne à l'état d'âme résultant une précision, une complexité et surtout une individualité qu'il n'a pas chez les psychasthéniques en général, capables de convertir en fausse reconnaissance vague, comme en beaucoup d'autres phénomènes anormaux, l'insuffisance radicale dont ils souffrent. L'illusion constituerait donc ici une entité psychologique distincte, alors qu'il n'en est pas de même chez les psychasthéniques. Rien de ce qu'on nous dit de cette illusion chez les psychasthéniques ne serait d'ailleurs à rejeter. Mais il n'en resterait pas moins à se demander pourquoi et comment se crée plus spécialement le sentiment du « déjà vu » dans les cas — fort nombreux, croyons-nous — où il y a affirmation très nette d'une perception présente *et* d'une perception passée qui aurait été identique. N'oublions pas que beaucoup de ceux qui ont étudié la fausse reconnaissance, Jensen, Kraepelin, Bonatelli, Sander,

Anjel, etc., y étaient eux-mêmes sujets. Ils ne se sont pas bornés à recueillir des observations ; ils ont, en psychologues de profession, noté ce qu'ils éprouvaient. Or, tous ces auteurs s'accordent à décrire le phénomène comme un recommencement bien net du passé, comme un phénomène *double* qui serait perception par un côté, souvenir par l'autre, — et non pas comme un phénomène à face unique, comme un état où la réalité apparaîtrait simplement en l'air, détachée du temps, perception *ou*souvenir, à volonté. Ainsi, sans rien sacrifier de ce que M. Janet nous a appris au sujet des psychasthéniques, nous n'en aurons pas moins à chercher une explication spéciale du phénomène proprement dit de la fausse reconnaissance[22].

Où trouver cette explication ?

On pourrait d'abord soutenir que la fausse reconnaissance naît de l'identification de la perception actuelle avec une perception antérieure qui lui ressemblait réellement par son contenu, ou tout au moins par sa nuance affective. Cette perception antérieure appartenait à la veille, selon certains auteurs (Sander[23], Höffding[24], Le Lorrain[25], Bourdon[26], Bélugou[27], au rêve, selon d'autres (James Sully[28], Lapie[29], etc.), à la veille ou au rêve mais toujours à l'inconscient, d'après Grasset[30]. Dans tous les cas, qu'il s'agisse du souvenir d'une chose vue ou du souvenir d'une chose imaginée, il y aurait évocation confuse ou incomplète d'un souvenir réel[31].

Cette explication peut être acceptée dans les limites où l'enferment plusieurs des auteurs qui la proposent[32]. Elle s'applique en effet à un phénomène qui ressemble par certains côtés à la fausse reconnaissance. Il nous est arrivé à tous de nous demander, en présence d'un spectacle nouveau, si nous n'y avions pas assisté déjà. À la réflexion, nous trouvions que nous avions eu autrefois une perception analogue, qui présentait quelques traits communs avec l'expérience actuelle. Mais le phénomène dont il s'agit ici est très différent. Ici les deux expériences apparaissent comme rigoureusement identiques, et nous sentons bien qu'aucune réflexion ne ramènerait cette identité à une vague ressemblance, parce que nous ne sommes pas simplement devant du « déjà vu » : c'est bien plus que cela, c'est du « déjà vécu » que nous traversons. Nous croyons avoir affaire au recommencement intégral d'une ou de Plusieurs

V. LE SOUVENIR DU PRÉSENT ET LA FAUSSE RECONNAISSANCE

minutes de notre passé, avec la totalité de leur contenu représentatif, affectif, actif. Kraepelin, qui a insisté sur cette première
différence, en signale encore une autre[33]. L'illusion de fausse reconnaissance fond sur le sujet instantanément, et instantanément
aussi le quitte, laissant derrière elle une impression de rêve. Rien
de semblable dans la confusion plus ou moins lente à s'établir, plus
ou moins facile à dissiper, d'une expérience actuelle avec une expérience antérieure qui lui ressemble. Ajoutons (et c'est là peut-
être l'essentiel) que cette confusion est une erreur comme les autres
erreurs, un phénomène localisé dans le domaine de l'intelligence
pure. Au contraire, la fausse reconnaissance peut ébranler la personnalité entière. Elle intéresse la sensibilité et la volonté autant
que l'intelligence. Celui qui l'éprouve est souvent en proie à une
émotion caractéristique ; il devient plus ou moins étranger à lui-
même et comme « automatisé ». Nous nous trouvons ici devant
une illusion qui comprend des éléments divers et qui les organise
en un seul effet simple, véritable individualité psychologique[34].

Où faut-il en chercher le centre ? Sera-ce dans une représentation, dans une émotion, ou dans un état de la volonté ?

La première tendance est celle des théories qui expliquent la
fausse reconnaissance par une image, née au cours de la perception ou un peu avant, et rejetée aussitôt dans le passé. Pour rendre
compte de cette image, on a supposé d'abord que le cerveau était
double, qu'il produisait deux perceptions simultanées, dont l'une
pouvait dans certains cas être en retard sur l'autre et, en raison
de sa plus faible intensité, faire l'effet d'un souvenir (Wigan[35],
Jensen[36]. Fouillée[37] a parlé aussi d'un « manque de synergie et
de simultanéité dans les centres cérébraux », d'où naîtrait une
« diplopie », « un phénomène maladif d'écho et de répétition
intérieure ». — La psychologie cherche aujourd'hui à se passer de
ces schémas anatomiques ; l'hypothèse d'une dualité cérébrale est
d'ailleurs complètement abandonnée. Reste alors que la seconde
image soit quelque chose de la perception même. Pour Anjel, il
faut distinguer en effet, dans toute perception, deux aspects : d'une
part, l'impression brute faite sur la conscience, d'autre part, la prise
de possession de cette impression par l'esprit. D'ordinaire, les deux
processus se recouvrent ; mais, si le second arrive en retard, une
image double s'ensuit, qui donne lieu à la fausse reconnaissance[38].

Henri Bergson

M. Piéron a émis une idée analogue[39]. Pour M. Lalande[40] suivi par M. Arnaud[41] un spectacle peut produire sur nous une première impression, instantanée et à peine consciente, à laquelle succède une distraction de quelques secondes, après quoi la perception normale s'établit. Si, à ce dernier moment, l'impression première nous revient, elle nous fait l'effet d'un souvenir vague, non localisable dans le temps, et nous avons la fausse reconnaissance. Myers propose une explication non moins ingénieuse, fondée sur la distinction du moi conscient et du moi « subliminal » : le premier ne reçoit d'une scène à laquelle il assiste qu'une impression globale, dont les détails retardent toujours un peu sur ceux de l'excitant extérieur ; le second photographie ces détails au fur et à mesure, instantanément. Ce dernier est donc en avance sur la conscience, et s'il se manifeste à elle brusquement, il lui apporte un souvenir de ce qu'elle est occupée à percevoir[42]. M. Lemaître a adopté une position intermédiaire entre celles de Lalande et de Myers[43]. Avant Myers, M. Dugas avait émis l'hypothèse d'un dédoublement de la personne[44]. Enfin il y a longtemps que Ribot avait donné à la thèse des deux images une très grande force en supposant une espèce d'hallucination consécutive à la perception et plus intense qu'elle : l'hallucination rejetterait la perception au second plan avec le caractère effacé des souvenirs[45].

Nous ne pouvons entreprendre ici l'examen approfondi que chacune de ces théories réclamerait. Bornons-nous à dire que nous en acceptons le principe : nous croyons que la fausse reconnaissance implique l'existence réelle, dans la conscience, de deux images, dont l'une est la reproduction de l'autre. La grosse difficulté, à notre sens, est d'expliquer tout à la fois pourquoi l'une des deux images est rejetée dans le passé et pourquoi l'illusion est continue. Si l'on nous donne l'image rejetée dans le passé pour antérieure à l'image localisée dans le présent, si l'on y voit une première perception moins intense, ou moins attentive, ou moins consciente, on essaie tout au moins de nous faire comprendre pourquoi elle prend la forme d'un souvenir ; mais il ne s'agira alors que du souvenir d'un certain moment de la perception ; l'illusion ne se prolongera pas, ne se renouvellera pas, à travers la perception entière. Que si, au contraire, les deux images se forment ensemble, la continuité de l'illusion se comprend mieux, mais le rejet de l'une d'elles dans le passé appelle plus impérieusement encore une explication. On pourrait d'ailleurs se demander si aucune des hypothèses, même du premier genre, rend réellement compte du rejet, et si la faiblesse ou la subconscience d'une perception suffit à lui donner l'aspect d'un souvenir. Quoi qu'il en soit, une théorie de la fausse reconnaissance doit répondre en même temps aux deux exigences que nous venons de formuler, et ces deux exigences apparaîtront comme inconciliables, croyons-nous, tant qu'on n'aura pas approfondi, du point de vue purement psychologique, la nature du souvenir normal.

Échappera-t-on à la difficulté en niant la dualité des images, en invoquant un « sentiment intellectuel » du « déjà vu » qui viendrait parfois se surajouter à notre perception du présent et nous faire croire à un recommencement du passé ? Telle est l'idée émise par M. E. Bernard-Leroy dans un livre bien connu[46]. Nous sommes tout prêt à lui accorder que la reconnaissance du présent se fait le plus souvent sans aucune évocation du passé. Nous avions d'ailleurs montré nous-même que la « familiarité » des objets de l'expérience journalière tient à l'automatisme des réactions qu'ils provoquent, et non pas à la présence d'un souvenir-image qui viendrait doubler l'image-perception[47]. Mais ce sentiment de « familiarité » n'est sûrement pas celui qui intervient dans la fausse reconnaissance, et M. Bernard-Leroy a d'ailleurs pris soin, lui-même, de les distinguer l'un de l'autre[48]. Reste alors que le sentiment dont parle M. Bernard-Leroy soit celui qu'on éprouve quand on se dit, en croisant une personne dans la rue, qu'on a déjà dû la rencontrer. Mais, d'abord, ce dernier sentiment est sans doute inséparablement lié à un souvenir réel, celui de la personne ou d'une autre qui lui ressemblait : peut-être n'est-il que la conscience vague et presque éteinte de ce souvenir, avec, en plus, un effort naissant et d'ailleurs impuissant pour le raviver. Ensuite il faut remarquer qu'on se dit en pareil cas « J'ai vu cette personne quelque part » ; on ne se dit pas « J'ai vu cette personne ici, dans les mêmes circonstances, en un moment de ma vie qui était indiscernable du moment actuel. » À supposer donc que la fausse reconnaissance ait sa racine dans un sentiment, ce sentiment est unique en son genre et ne peut pas être celui de la reconnaissance normale, errant à travers la conscience et se trompant de destination. Étant spécial, il

Henri Bergson

doit tenir à des causes spéciales, qu'il importe de déterminer.

Resterait enfin à chercher l'origine du phénomène dans la sphère de l'action, plutôt que dans celles du sentiment ou de la représentation. Telle est la tendance des plus récentes théories de la fausse reconnaissance. Déjà, il y a bien des années, nous signalions la nécessité de distinguer des hauteurs diverses de *tension* ou de *ton* dans la vie psychologique. Nous disions que la conscience est d'autant mieux équilibrée qu'elle est plus tendue vers l'action, d'autant plus chancelante qu'elle est plus détendue dans une espèce de rêve ; qu'entre ces deux plans extrêmes, le plan de l'action et le plan du rêve, il y a tous les plans intermédiaires correspondant à autant de degrés décroissants d' « attention à la vie » et d'adaptation à la réalité[49]. Les idées que nous exposions à ce sujet furent accueillies avec une certaine réserve ; certains les jugèrent paradoxales. Elles se heurtaient, en effet, à des théories généralement admises, à la conception atomistique de la vie mentale. La psychologie s'en rapproche pourtant de plus, en plus, surtout depuis que M. Pierre Janet est arrivé de son côté, par des voies différentes, à des conclusions tout à fait conciliables avec les nôtres. C'est donc dans un abaissement du ton mental qu'on cherchera l'origine de la fausse reconnaissance. Pour M. Pierre Janet, cet abaissement produirait directement le phénomène en diminuant l'effort de synthèse qui accompagne la perception normale : celle-ci prendrait alors l'aspect d'un vague souvenir, ou d'un rêve[50]. Plus précisément, il n'y aurait ici qu'un de ces « sentiments d'incomplétude » que M. Janet a étudiés d'une manière si originale : le sujet, dérouté par ce qu'il y a d'incomplètement réel et par conséquent d'incomplètement actuel dans sa perception, ne sait trop s'il a affaire à du présent, à du passé, ou même à de l'avenir. M. Léon. Kindberg a repris et développé cette idée d'une diminution de l'effort de synthèse[51]. D'autre part, Heymans a essayé de montrer comment un « abaissement de l'énergie psychique » pourrait modifier l'aspect de notre entourage habituel et communiquer l'aspect du « déjà vu » aux événements qui s'y déroulent. « Supposons, dit-il, que notre entourage habituel ne fasse plus résonner que tout bas les associations éveillées d'ailleurs régulièrement par lui. Il arrivera précisément ce qui arrive dans les cas où, après bien des années, nous voyons de nouveau des lieux ou des objets, nous entendons de nouveau des mélodies, que nous avons jadis connus mais que nous avons depuis long-temps oubliés… Or si, dans ces derniers cas, nous avons appris à interpréter la plus faible poussée des associations comme le signe d'expériences antérieures se rapportant aux mêmes objets que ceux d'à présent, on devine que, dans les autres cas aussi, dans les cas où, par suite d'une diminution de l'énergie psychique, l'entou-rage habituel déploie une efficacité associative très diminuée, nous aurons cette impression qu'en lui se répètent, identiquement, des événements personnels et des situations tirées du fond d'un pas-sé nébuleux[52]. » Enfin, dans un travail approfondi qui contient, sous forme d'auto-observation, une des plus pénétrantes analyses qu'on ait données de la fausse reconnaissance[53]. MM. Dromard et Albès expliquent le phénomène par une diminution du « tonus attentionnel » qui amènerait une rupture entre le « psychisme infé-rieur » et le « psychisme supérieur ». Le premier, fonctionnant sans l'aide du second, percevrait automatiquement l'objet présent, et le second s'emploierait alors tout entier à considérer l'image recueil-lie par le premier, au lieu de regarder l'objet lui-même[54].

De ces dernières thèses nous dirons, comme des premières, que nous en acceptons le principe : c'est bien dans un abaissement du ton général de la vie psychologique qu'il faut chercher la cause ini-tiale de la fausse reconnaissance. Le point délicat est de déterminer la forme toute spéciale que revêt ici l'inattention à la vie, et aussi d'expliquer pourquoi elle aboutit à nous faire prendre le présent pour une répétition du passé. Un simple relâchement de l'effort de synthèse réclamé par la perception donnera bien à la réalité l'as-pect d'un rêve, mais pourquoi ce rêve apparaît-il comme la répéti-tion intégrale d'une minute déjà vécue ? À supposer que le « psy-chisme supérieur » intervienne pour superposer son attention à cette perception inattentive, on aura tout au plus un souvenir considéré attentivement : ce ne sera pas une perception doublée d'un souvenir. D'autre part, une paresse de la mémoire associative, comme celle que suppose Heymans, rendrait simplement pénible la reconnaissance de l'entourage : il y a loin de cette reconnais-sance pénible du familier au souvenir d'une expérience antérieure déterminée, identique de tout point à l'expérience actuelle. Bref, il semble bien qu'il faille combiner ce dernier système d'explica-tion avec le premier, admettre que la fausse reconnaissance tient en même temps à une diminution de la tension psychologique et à un dédoublement de l'image, et rechercher ce que devra être la diminution pour produire le dédoublement, ce que sera le dédoublement s'il traduit une simple diminution. Mais il ne peut être question de rapprocher artificiellement les deux théories l'une de l'autre. Le rapprochement se fera de lui-même, croyons-nous, si l'on approfondit dans les deux directions indiquées le mécanisme de la mémoire.

Mais nous voudrions présenter d'abord une remarque générale au sujet des faits psychologiques morbides ou anormaux. Parmi ces faits, il en est qui tiennent évidemment à un appauvrissement de la vie normale. Telles sont les anesthésies, les amnésies, les aphasies, les paralysies, tous les états enfin qui sont caractérisés par l'abolition de certaines sensations, de certains souvenirs ou de certains mouvements. Pour définir ces états, on indiquera purement et simplement ce qui a disparu de la conscience. Ils consistent en une absence. Tout le monde y verra un déficit psychologique.

Au contraire, il y a des états morbides ou anormaux qui paraissent se surajouter à la vie normale, et l'enrichir au lieu de la diminuer. Un délire, une hallucination, une idée fixe sont des faits positifs. Ils consistent dans la présence, et non plus dans l'absence, de quelque chose. Ils semblent introduire dans l'esprit certaines manières nouvelles de sentir et de penser. Pour les définir, il faut les considérer dans ce qu'ils sont et dans ce qu'ils apportent, au lieu de s'en tenir à ce qu'ils ne sont pas et à ce qu'ils enlèvent. Si la plupart des symptômes de l'aliénation mentale appartiennent à cette seconde catégorie, on en dirait autant de beaucoup d'anomalies et de singularités psychologiques. La fausse reconnaissance est du nombre. Comme nous le verrons plus loin, elle présente un aspect *sui generis,* qui n'est pas celui de la reconnaissance vraie.

Toutefois, le philosophe peut se demander si, dans le domaine de l'esprit, la maladie et la dégénérescence sont réellement capables de créer quelque chose, et si les caractères positifs en apparence, qui donnent ici au phénomène anormal un aspect de nouveauté, ne se réduiraient pas, quand on en approfondit la nature, à un vide intérieur, à un déficit du phénomène normal. On s'accorde à dire que la maladie est une *diminution.* Il est vrai que c'est là une manière vague de s'exprimer, et qu'il faudrait indiquer avec précision, dans des cas où rien de visible n'a disparu de la conscience, en quoi la conscience est diminuée. Nous avons esquissé autrefois une tentative de ce genre, comme nous le rappelions un peu plus haut. Nous disions qu'à côté de la diminution qui porte sur le *nombre* des états de conscience, il en est une autre qui intéresse leur solidité ou leur *poids*. Dans le premier cas, la maladie élimine purement et simplement certains états sans toucher aux autres. Dans le second, aucun état psychologique ne disparaît, mais tous sont atteints, tous perdent de leur lest, c'est-à-dire de leur puissance d'insertion et de pénétration dans la réalité[55]. C'est l' « attention à la vie » qui est diminuée, et les phénomènes nouveaux qui apparaissent ne sont que l'aspect extérieur de ce détachement.

Nous reconnaissons d'ailleurs que, même sous cette forme, l'idée est encore trop générale pour servir au détail des explications psychologiques. Du moins indiquera-t-elle la marche à suivre pour trouver l'explication.

Si on l'accepte, en effet, il n'y aura pas lieu de chercher, pour le phénomène morbide ou anormal qui se présente avec des caractères spéciaux, une cause active qui le produise, car ce phénomène, en dépit des apparences, n'a rien de positif, rien de nouveau. Il se fabriquait déjà en temps normal ; mais il était empêché de paraître, au moment où il l'aurait voulu, par un de ces mécanismes antagonistes, constamment agissants, qui assurent *l'attention à la vie*. C'est que la vie psychologique normale, telle que nous nous la représentons, est un système de fonctions dont chacune a son dispositif particulier. Chaque dispositif, laissé à lui-même, donnerait une foule d'effets inutiles ou fâcheux, capables de troubler le fonctionnement des autres et de déranger aussi notre équilibre mobile, notre adaptation constamment renouvelée à la réalité. Mais un travail d'élimination, de correction, de mise au point se poursuit sans cesse, d'où résulte précisément la santé morale. Là où il faiblit, des symptômes apparaissent, que nous croyons créés pour la circonstance, mais qui, en réalité, ont toujours été là, ou du moins auraient été là si nous avions laissé faire. Certes, il est naturel que le théoricien soit frappé du caractère *sui generis* des faits morbides. Comme ces faits sont complexes et présentent pourtant un certain ordre dans leur complication, son premier mouvement est de les rapporter à une cause agissante, capable d'en organiser les éléments. Mais si, dans le domaine de l'esprit, la maladie n'est pas de force à créer quelque chose, elle ne peut consister que dans le ralentissement ou l'arrêt de certains mécanismes qui, à l'état normal, en empêchaient d'autres de donner leur plein effet. *De sorte que la tâche principale de la psychologie ne serait pas d'expliquer ici comment tels ou tels phénomènes se produisent chez le malade, mais pourquoi on ne les constate pas chez l'homme sain.*

Déjà nous avons regardé de ce biais les phénomènes du rêve. On voit généralement dans les rêves autant de fantômes qui se surajoutent aux perceptions et conceptions solides de la veille, feux follets qui voltigeraient au-dessus d'elle. Ce seraient des faits d'un ordre particulier, dont la psychologie devrait enfermer l'étude dans un chapitre à part, après quoi elle serait quitte envers eux. Et il est naturel que nous pensions ainsi, parce que l'état de veille est celui qui nous importe pratiquement, tandis que le rêve est ce qu'il y a au monde de plus étranger à l'action, de plus inutile. Comme, du point de vue pratique, c'est un accessoire, nous sommes portés à l'envisager, du point de vue théorique, comme un accident. Écartons cette idée préconçue, l'état de rêve nous apparaîtra au contraire comme le « substratum » de notre état normal. Il ne se surajoute pas à la veille : c'est la veille qui s'obtient par la limitation, la concentration et la tension d'une vie psychologique diffuse, qui est la vie du rêve. En un sens, la perception et la mémoire qui s'exercent dans le rêve sont plus naturelles que celles de la veille : la conscience s'y amuse à percevoir pour percevoir, à se souvenir pour se souvenir, sans aucun souci de la vie, je veux dire de l'action à accomplir. Mais veiller consiste à éliminer, à choisir, à ramasser sans cesse la totalité de la vie diffuse du rêve sur le point où un problème pratique se pose. Veiller signifie vouloir. Cessez de vouloir, détachez-vous de la vie, désintéressez-vous : par là même vous passez du moi de la veille au moi des rêves, moins *tendu*, mais plus *étendu* que l'autre. Le mécanisme de la veille est donc le plus complexe, le plus délicat, le plus *positif* aussi des deux, et c'est la veille, bien plus que le rêve, qui réclame une explication.

Mais, si le rêve imite de tout point l'aliénation mentale, on pourra appliquer à bien des faits d'aliénation ce que nous avons dit du rêve. Nous ne voudrions pas aborder l'étude de ces phénomènes avec des vues trop systématiques. Il est douteux qu'on puisse les

V. LE SOUVENIR DU PRÉSENT ET LA FAUSSE RECONNAISSANCE

expliquer tous de la même manière. Et, pour beaucoup d'entre eux, mal définis encore, le moment n'est pas venu de tenter une explication. Comme nous l'annoncions d'abord, nous présentons notre thèse à titre de simple indication méthodologique, sans autre objet que d'orienter dans un certain sens l'attention du théoricien. Toutefois il y a des faits pathologiques ou anormaux auxquels nous la croyons applicable dès maintenant. En première ligne figure la fausse reconnaissance. Tel est le mécanisme de la perception, et tel est, à notre sens, celui de la mémoire, que la fausse reconnaissance résulterait naturellement du jeu de ces deux facultés si un mécanisme spécial n'intervenait aussitôt pour l'annuler. La question importante n'est donc pas de savoir pourquoi elle surgit à certains moments, chez certaines personnes, mais pourquoi elle ne se produit pas chez tous à tout instant.

Voyons, en effet, comment se forme le souvenir. Mais entendons-nous bien : le souvenir dont nous allons parler sera toujours un état psychologique, tantôt conscient, tantôt semi-conscient, le plus souvent inconscient. Sur le souvenir qui serait une trace laissée dans le cerveau, nous nous sommes expliqué ailleurs. Nous disions que les diverses mémoires sont bien localisables dans le cerveau, en ce sens que le cerveau possède pour chaque catégorie de souvenirs un dispositif spécial, destiné à convertir le souvenir pur en perception ou image naissantes : que si l'on va plus loin, si l'on prétend assigner à tout souvenir sa place dans la matière cérébrale, on se borne à traduire des faits psychologiques incontestés dans un langage anatomique contestable, et l'on aboutit à des conséquences démenties par l'observation. À vrai dire, quand nous parlons de nos souvenirs, nous pensons à quelque chose que notre conscience possède ou qu'elle peut toujours rattraper, pour ainsi dire, en tirant à elle le fil qu'elle tient : le souvenir va et vient, en effet, du conscient à l'inconscient, et la transition entre les deux états est si continue, la limite si peu marquée, que nous n'avons aucun droit de supposer entre eux une différence radicale de nature. Tel est donc le souvenir dont nous allons nous occuper. Convenons, d'autre part, pour abréger, de donner le nom de perception à toute conscience de quelque chose de présent, aussi bien à la perception interne qu'à la perception extérieure. Nous prétendons que *la formation du souvenir n'est jamais postérieure à celle de la perception ;*

Henri Bergson

elle en est contemporaine. Au fur et à mesure que la perception se crée, son souvenir se profile à ses côtés, comme l'ombre à côté du corps. Mais la conscience ne l'aperçoit pas d'ordinaire, pas plus que notre œil ne verrait notre ombre s'il l'illuminait chaque fois qu'il se tourne vers elle.

Supposons en effet que le souvenir ne se crée pas tout le long de la perception même : je demande à quel moment il naîtra. Attendil, pour surgir, que la perception se soit évanouie ? C'est ce qu'on admet généralement sous forme implicite, soit qu'on fasse du souvenir inconscient un état psychologique, soit qu'on y voie une modification cérébrale. Il y aurait d'abord l'état psychologique présent, puis, quand il n'est plus, le souvenir de cet état absent. Il y aurait d'abord l'entrée en jeu de certaines cellules, et ce serait la perception, puis une trace laissée dans ces cellules une fois la perception évanouie, et ce serait le souvenir. Mais, pour que la chose se passât ainsi, il faudrait que le cours de notre existence consciente se composât d'états bien tranchés, dont chacun eût objectivement un commencement, objectivement aussi une fin. Comment ne pas voir que ce morcelage de notre vie psychologique en états, comme d'une comédie en scènes, n'a rien d'absolu, qu'il est tout relatif à notre interprétation, diverse et changeante, de notre passé ? Selon le point de vue où je me place, selon le centre d'intérêt que je choisis, je découpe diversement ma journée d'hier, j'y aperçois des groupes différents de situations ou d'états. Bien que ces divisions ne soient pas toutes également artificielles, aucune n'existait en soi, car le déroulement de la vie psychologique est continu. L'aprèsmidi que je viens de passer à la campagne avec des amis s'est décomposé en déjeuner + promenade + dîner, ou en conversation + conversation + conversation, etc. ; et d'aucune de ces conversations, qui empiétaient les unes sur les autres, on ne peut dire qu'elle forme une entité distincte. Vingt systèmes de désarticulation sont possibles ; nul système ne correspond à des articulations nettes de la réalité. De quel droit supposer que la mémoire choisit l'un d'eux, divise la vie psychologique en périodes tranchées, attend la fin de chaque période pour régler ses comptes avec la perception ?

Alléguera-t-on que la perception d'un objet extérieur commence quand il apparaît, finit quand il disparaît, et qu'on peut bien désigner, dans ce cas au moins, un moment précis où le souvenir remplace la perception ? Ce serait oublier que la perception se compose ordinairement de parties successives, et que ces parties n'ont ni plus ni moins d'individualité que le tout. De chacune on est en droit de dire que son objet disparaît au fur et à mesure ; comment le souvenir ne naîtrait-il que lorsque tout est fini ? et comment la mémoire saurait-elle, à un moment quelconque de l'opération, que tout n'est pas fini, qu'il reste encore quelque chose ?

Plus on y réfléchira, moins on comprendra que le souvenir puisse naître jamais s'il ne se crée pas au fur et à mesure de la perception même. Ou le présent ne laisse aucune trace dans la mémoire, ou c'est qu'il se dédouble à tout instant, dans son jaillissement même, en deux jets symétriques, dont l'un retombe vers le passé tandis que l'autre s'élance vers l'avenir. Ce dernier, que nous appelons perception, est le seul qui nous intéresse. Nous n'avons que faire du souvenir des choses pendant que nous tenons les choses mêmes. La conscience pratique écartant ce souvenir comme inutile, la réflexion théorique le tient pour inexistant. Ainsi naît l'illusion que le souvenir *succède* à la perception.

Mais cette illusion a une autre source, plus profonde encore.

Elle vient de ce que le souvenir ravivé, conscient, nous fait l'effet d'être la perception elle-même ressuscitant sous une forme plus modeste, et rien autre chose que cette perception. Entre la perception et le souvenir il y aurait une différence d'intensité ou de degré, mais non pas de nature. La perception se définissant un état fort et le souvenir un état faible, le souvenir d'une perception ne pouvant alors être que cette perception affaiblie, il nous semble que la mémoire ait dû attendre, pour enregistrer une perception dans l'inconscient, que la perception se fût endormie en souvenir. Et c'est pourquoi nous jugeons que le souvenir d'une perception ne saurait se créer avec cette perception ni se développer en même temps qu'elle.

Mais la thèse qui fait de la perception présente un état fort et du souvenir ravivé un état faible, qui veut qu'on passe de cette perception à ce souvenir par voie de diminution, a contre elle l'observation la plus élémentaire. Nous l'avons montré dans un travail antérieur. Prenez une sensation intense et faites-la décroître progressivement jusqu'à zéro. S'il n'y a entre le souvenir de la sensation et la sensation elle-même qu'une différence de degré, la sensation deviendra souvenir avant de s'éteindre. Or un moment arrive, sans doute, où vous ne pouvez plus dire si vous avez affaire à une sensation faible que vous éprouvez ou à une sensation faible que vous imaginez, mais jamais l'état faible ne devient le souvenir, rejeté dans le passé, de l'état fort. Le souvenir est donc autre chose.

Le souvenir d'une sensation est chose capable de *suggérer* cette sensation, je veux dire de la faire renaître, faible d'abord, plus forte ensuite, de plus en plus forte à mesure que l'attention se fixe davantage sur elle. Mais il est distinct de l'état qu'il suggère, et c'est précisément parce que nous le sentons derrière la sensation suggérée, comme le magnétiseur derrière l'hallucination provoquée, que nous localisons dans le passé la cause de ce que nous éprouvons. La sensation, en effet, est essentiellement de l'actuel et du présent ; mais le souvenir, qui la suggère du fond de l'inconscient d'où il émerge à peine, se présente avec cette puissance *sui generis* de suggestion qui est la marque de ce qui n'est plus, de ce qui voudrait être encore. À peine la suggestion a-t-elle touché l'imagination que la chose suggérée se dessine à l'état naissant, et c'est pourquoi il est si difficile de distinguer entre une sensation faible qu'on éprouve et une sensation faible qu'on se remémore sans la dater. Mais la suggestion n'est à aucun degré ce qu'elle suggère, le souvenir pur d'une sensation ou d'une perception n'est à aucun degré la sensation ou la perception mêmes. Ou bien alors il faudra dire que la parole du magnétiseur, pour suggérer aux sujets endormis qu'ils ont dans la bouche du sucre ou du sel, doit déjà être elle-même un peu sucrée ou salée.

En creusant encore au-dessous de cette illusion, on trouverait à sa racine le besoin, inné à notre esprit, de se représenter le tout de notre vie intérieure sur le modèle de la très petite partie de nous-mêmes qui est insérée dans la réalité présente, qui la perçoit et qui agit sur elle. Nos perceptions et nos sensations sont à la fois ce qu'il y a de plus éclairé en nous et de plus important pour nous ; elles notent à chaque instant la relation changeante de notre corps aux autres corps ; elles déterminent ou orientent notre conduite. De là notre tendance à ne voir dans les autres faits psychologiques que des perceptions ou des sensations obscurcies ou diminuées. Ceux mêmes d'entre nous qui résistent le plus à cette

V. LE SOUVENIR DU PRÉSENT ET LA FAUSSE RECONNAISSANCE

tendance, qui croient apercevoir dans la pensée autre chose qu'un jeu d'images, ont de la peine à se persuader que le souvenir d'une perception se distingue radicalement de cette perception même : le souvenir devrait en tout cas, leur semble-t-il, être exprimable en termes de perception, s'obtenir par quelque opération effectuée sur l'image. Quelle sera alors cette opération ? *A priori*, nous nous disons qu'elle ne peut porter que sur la *qualité* du contenu de l'image, ou sur sa *quantité, ou* sur les deux à la fois. Or, ce n'est pas sur la qualité, à coup sûr, qu'elle porte effectivement, puisque le souvenir doit nous représenter le passé sans l'altérer. Ce sera donc sur la quantité. Mais la quantité, à son tour, peut être extensive ou intensive, car l'image comprend un nombre déterminé de parties, et elle présente un certain degré de force. Considérons la première alternative. Le souvenir modifie-t-il l'extension de l'image ? Non, évidemment, car s'il ajoutait quelque chose au passé, il serait infidèle, et s'il en retranchait quelque chose, incomplet. Reste donc que la modification porte sur l'intensité ; et comme ce n'est évidemment pas un accroissement, c'est une diminution. Telle est la dialectique instinctive, à peine consciente, par laquelle nous sommes conduits, d'élimination en élimination, à faire du souvenir un affaiblissement de l'image.

Cette conclusion atteinte, toute notre psychologie de la mémoire s'inspire d'elle ; notre physiologie elle-même s'en ressent. De quelque manière que nous nous représentions le mécanisme cérébral de la perception, nous ne voyons dans le souvenir qu'un nouvel ébranlement du même mécanisme, une répétition atténuée du même fait. L'expérience est là cependant, qui paraît dire le contraire. Elle nous montre qu'on peut perdre ses souvenirs visuels sans cesser de voir et ses souvenirs auditifs sans cesser d'entendre, que la cécité et la surdité psychiques n'impliquent pas nécessairement la perte de la vue ou de l'ouïe : serait-ce possible, si la perception et la mémoire intéressaient ici les mêmes centres, mettaient en jeu les mêmes mécanismes ? Mais nous passons outre, plutôt que de consentir à une distinction radicale entre la perception et le souvenir.

Par deux voies convergentes, en tant qu'il reconstitue notre vie psychologique avec des états nettement découpés et en tant qu'il juge tous ces états exprimables en termes d'images, le raisonnement aboutit donc à faire du souvenir une perception affaiblie, quelque chose qui succède à la perception au lieu d'en être contemporain. Écartons cette dialectique naturelle à notre intelligence, commode pour le langage, indispensable peut-être à la pratique, mais non pas suggérée par l'observation intérieure : le souvenir apparaît comme doublant à tout instant la perception, naissant avec elle, se développant en même temps qu'elle, et lui survivant, précisément parce qu'il est d'une autre nature qu'elle.

Qu'est-il donc ? Toute description claire d'un état psychologique se fait par des images, et nous venons de dire que le souvenir d'une image n'est pas une image. Le souvenir pur ne pourra dès lors être décrit que d'une manière vague, en termes métaphoriques. Disons donc, comme nous l'expliquions dans *Matière et Mémoire*[56], qu'il est à la perception ce que l'image aperçue derrière le miroir est à l'objet placé devant lui, L'objet se touche aussi bien qu'il se voit ; il agira sur nous comme nous agissons sur lui ; il est gros d'actions possibles, il est *actuel*. L'image est *virtuelle* et, quoique semblable à l'objet, incapable de rien faire de ce qu'il fait. Notre existence actuelle, au fur et à mesure qu'elle se déroule dans le temps, se double ainsi d'une existence virtuelle, d'une image en miroir. Tout moment de notre vie offre donc deux aspects : il est actuel et virtuel, perception d'un côté et souvenir de l'autre. Il se scinde en même temps qu'il se pose. Ou plutôt il consiste dans cette scission même, car l'instant présent, toujours en marche, limite fuyante entre le passé immédiat qui n'est déjà plus et l'avenir immédiat qui n'est pas encore, se réduirait à une simple abstraction s'il n'était précisément le miroir mobile qui réfléchit sans cesse la perception en souvenir.

Imaginons un esprit qui prendrait conscience de ce dédoublement. Supposons que le reflet de notre perception et de notre action nous revienne, non pas lorsque la perception est complète et l'action accomplie, mais au fur et à mesure que nous percevons et agissons. Nous verrons alors en même temps notre existence réelle et son image virtuelle, l'objet d'un côté et le reflet de l'autre. Le reflet ne se laissera d'ailleurs pas confondre avec l'objet, car celui-ci a tous les caractères de la perception, celui-là est déjà souvenir : s'il ne l'était pas dès maintenant, il ne le serait jamais. Plus tard, quand il accomplira sa fonction normale, il nous représentera notre passé avec la marque du passé ; aperçu au moment où

V. LE SOUVENIR DU PRÉSENT ET LA FAUSSE RECONNAISSANCE

il se forme, c'est avec la marque du passé, constitutive de son essence, qu'il apparaît. Quel est ce passé ? Il n'a pas de date et ne saurait en avoir ; c'est du passé *en général*, ce ne peut être aucun passé en particulier. À la rigueur, s'il consistait simplement en un certain spectacle aperçu, en une certaine émotion éprouvée, on pourrait être dupe, et croire qu'on a déjà aperçu ce qu'on aperçoit, éprouvé ce qu'on éprouve. Mais il s'agit de bien autre chose. Ce qui se dédouble à chaque instant en perception et souvenir, c'est la totalité de ce que nous voyons, entendons, éprouvons, tout ce que nous sommes avec tout ce qui nous entoure. Si nous prenons conscience de ce dédoublement, c'est l'intégralité de notre présent qui nous apparaîtra à la fois comme perception et comme souvenir. Et pourtant nous savons bien qu'on ne vit pas deux fois le même moment d'une histoire, et que le temps ne remonte pas son cours. Que faire ? La situation est étrange, paradoxale. Elle bouleverse toutes noshabitudes. Un souvenir est là : c'est un souvenir, car il porte la marque caractéristique des états que nous appelons communément de ce nom et qui ne se dessinent à la conscience qu'une fois leur objet disparu. Et pourtant il ne nous représente pas quelque chose qui ait été, mais simplement quelque chose qui est ; il marche *pari passu* avec la perception qu'il reproduit. C'est, dans le moment actuel, un souvenir de ce moment. C'est du passé quant à la forme et du présent quant à la matière. C'est un *souvenir du présent*.

Au fur et à mesure que la situation progresse, le souvenir, qui tient à côté d'elle, donne à chacune des étapes l'aspect du « déjà vu », du déjà connu. Mais cette situation, même avant d'être arrivée à son terme, nous semble devoir former un tout, étant découpée dans la continuité de notre expérience par l'intérêt du moment. Comment aurions-nous vécu déjà une partie de la situation si nous n'en avions pas vécu le tout ? Reconnaîtrions-nous ce qui se déroule si nous ne connaissions pas ce qui est encore enroulé ? Ne sommes-nous pas à même, tout au moins, d'anticiper, à chaque moment sur le moment suivant ? Cet instant qui va venir est déjà entamé par l'instant présent ; le contenu du premier est inséparable du contenu du second : si l'un est, à n'en pas douter, un recommencement de mon passé, comment l'instant à venir ne le serait-il pas également ? Je reconnais celui-là, je vais donc sûrement reconnaître

Henri Bergson

celui-ci. Ainsi je me trouve sans cesse, vis-à-vis de ce qui est sur le point d'arriver, dans l'attitude d'une personne qui reconnaîtra, et qui par conséquent connaît. Mais ce n'est que l'*attitude* de la connaissance ; c'en est la forme sans la matière.Comme je ne puis prédire ce qui va arriver, je vois bien que je ne le sais pas ; mais je prévois que je vais l'avoir su, en ce sens que je le reconnaîtrai en l'apercevant ; et cette reconnaissance à venir, que je sens inévitable en vertu de l'élan pris tout du long par ma faculté de reconnaître, exerce par avance un effet rétroactif sur mon présent, me plaçant dans l'étrange situation d'une personne qui se sent connaître ce qu'elle se sait ignorer.

Supposons une leçon autrefois sue par cœur et maintenant oubliée, mais qu'on se surprend, un jour, à répéter machinalement. Comme on reconnaît chaque mot dès qu'on le prononce, on sent qu'on le tient avant de le prononcer, et pourtant on ne le retrouve qu'en le prononçant. Celui qui prendra conscience du dédoublement continuel de son présent en perception et en souvenir sera dans le même état. Pour peu qu'il s'analyse lui-même, il se comparera à l'acteur qui joue automatiquement son rôle, s'écoutant et se regardant jouer. Mieux il approfondit ce qu'il éprouve, plus il se scinde en deux personnages, dont l'un se donne ainsi en spectacle à l'autre. D'un côté il sait qu'il continue d'être ce qu'il était, un moi qui pense et qui agit conformément à ce que la situation réclame, un moi inséré dans la vie réelle et s'adaptant à elle par un libre effort de sa volonté : voilà de quoi sa perception du présent l'assure. Mais le souvenir de ce présent, qui est également là, lui fait croire qu'il répète intégralement des choses déjà dites, qu'il revoit exactement des choses déjà vues, et le transforme ainsi en acteur qui récite un rôle. De là deux moi différents dont l'un, conscient de sa liberté, s'érige en spectateur indépendant d'une scène que l'autre jouerait d'une manière machinale. Mais ce dédoublement ne va jamais jusqu'au bout. C'est plutôt une oscillation de la personne entre deux points de vue sur elle-même, un va-et-vient de l'esprit entre la perception qui n'est que perception et la perception doublée de son propre souvenir : la première enveloppe le sentiment habituel que nous avons de notre liberté et s'insère tout naturellement dans le monde réel ; la seconde nous fait croire que nous répétons un rôle appris, nous convertit en automates, nous transporte dans un monde de théâtre ou de rêve. Quiconque a traversé pendant quelques instants un danger pressant, auquel il n'a pu échapper que par une série rapide de démarches aussi impérieusement nécessitées que hardiment accomplies, a éprouvé quelque chose du même genre. C'est un dédoublement plutôt virtuel que réel. On agit et pourtant on « est agi ». On sent qu'on choisit et qu'on veut, mais qu'on choisit de l'imposé et qu'on veut de l'inévitable. De là une compénétration d'états qui se fondent et même s'identifient ensemble dans la conscience immédiate, mais qui n'en sont pas moins logiquement incompatibles entre eux et que la conscience réfléchie se représentera dès lors par un dédoublement du moi en deux personnages différents, dont l'un prendrait à son compte tout ce qui est liberté, tandis que l'autre garderait pour lui la nécessité — celui-là, spectateur libre, regardant celui-ci jouer son rôle automatiquement.

Nous venons de décrire les trois principaux aspects sous lesquels nous nous apparaîtrions à nous-mêmes, à l'état normal, si nous pouvions assister à la scission de notre présent. Or, ce sont précisément les caractères de la fausse reconnaissance. On les trouve d'autant plus accentués que le phénomène est plus net, plus complet, plus profondément analysé par celui qui en fait l'expérience.

Plusieurs ont parlé en effet d'un sentiment d'automatisme, et d'un état comparable à celui de l'acteur qui joue un rôle. Ce qui se dit et ce qui se fait, ce qu'on dit et ce qu'on fait soi-même, semble « inévitable ». On assiste à ses propres mouvements, à ses pensées, à ses actions[57]. Les choses se passent *comme* si l'on se dédoublait, sans pourtant qu'on se dédouble effectivement. Un des sujets écrit : « Ce sentiment de dédoublement n'existe que dans la sensation ; les deux personnes ne font qu'un au point de vue matériel[58]. » Il entend sans doute par là qu'il éprouve un sentiment de dualité, mais accompagné de la conscience qu'il s'agit d'une seule et même personne.

D'autre part, comme nous le disions au début, le sujet se trouve souvent dans le singulier état d'âme d'une personne qui croit savoir ce qui va se passer, tout en se sentant incapable de le prédire. « Il me semble toujours, dit l'un d'eux, que je vais prévoir la suite, mais je ne pourrais pas l'annoncer réellement. » Un autre se rappelle ce qui va arriver « comme on se rappelle un nom qui est sur le bord de la mémoire[59] ». Une des plus anciennes observations est celle d'un malade qui s'imagine anticiper tout ce que fera son entourage[60]. Voilà donc un autre caractère de la fausse reconnaissance.

Mais le plus général de tous est celui dont nous parlions d'abord : le souvenir évoqué est un souvenir suspendu en l'air, sans point d'appui dans le passé. Il ne correspond à aucune expérience antérieure. On le sait, on en est convaincu, et cette conviction n'est pas l'effet d'un raisonnement : elle est immédiate. Elle se confond avec le sentiment que le souvenir évoqué doit être simplement un duplicatum de la perception actuelle. Est-ce alors un « souvenir du présent » ? Si l'on ne le dit pas, c'est sans doute que l'expression paraîtrait contradictoire, qu'on ne conçoit pas le souvenir autrement que comme une répétition du passé, qu'on n'admet pas qu'une représentation puisse porter la marque du passé indépendamment de ce qu'elle représente, enfin qu'on est théoricien sans le savoir et qu'on tient tout souvenir pour postérieur à la perception qu'il reproduit. Mais on dit quelque chose d'approchant ; on parle d'un passé que nul intervalle ne séparerait du présent : « J'ai senti se produire en moi une sorte de déclenchement qui a supprimé tout le passé entre cette minute d'autrefois et la minute où j'étais[61]. » Là est bien, en effet, la caractéristique du phénomène. Quand on parle de « fausse reconnaissance », ou devrait spécifier qu'il s'agit d'un processus qui ne contrefait pas réellement la reconnaissance vraie et qui n'en donne pas l'illusion. Qu'est-ce, en effet, que la reconnaissance normale ? Elle peut se produire de deux manières, soit par un sentiment de familiarité qui accompagne la perception présente, soit par l'évocation d'une perception passée que la perception présente semble répéter. Or, la fausse reconnaissance n'est ni l'une ni l'autre de ces deux opérations. Ce qui caractérise la reconnaissance du premier genre, c'est qu'elle exclut tout rappel d'une situation déterminée, personnelle, où l'objet reconnu aurait été déjà perçu. Mon cabinet de travail, ma table, mes livres ne composent autour de moi une atmosphère de familiarité qu'à la condition de ne faire surgir le souvenir d'aucun événement déterminé de mon histoire. S'ils évoquent le souvenir précis d'un incident auquel ils ont été mêlés, je les reconnais encore comme y ayant pris part, mais cette reconnaissance se surajoute à la première et s'en distingue profondément, comme le personnel se distingue de l'impersonnel. Or, la fausse reconnaissance est autre chose que ce sentiment de familiarité. Elle porte toujours sur une situation personnelle, dont on est convaincu qu'elle reproduit une autre situation personnelle, aussi précise et aussi déterminée qu'elle. Resterait donc qu'elle fût la reconnaissance du second genre, celle qui implique le rappel d'une situation semblable à celle où l'on se trouve actuellement. Mais remarquons qu'il s'agit toujours, en pareil cas, de situations semblables et non pas de situations identiques. La reconnaissance du second genre ne se fait que par la représentation de ce qui différencie les deux situations en même temps que de ce qui leur est commun. Si j'assiste pour la seconde fois à une comédie, je reconnais un à un chacun des mots, chacune des scènes ; je reconnais enfin toute la pièce et je me rappelle l'avoir déjà vue ; mais j'étais alors à une autre place, j'avais d'autres voisins, j'arrivais avec d'autres préoccupations ; en tout cas je ne pouvais pas être alors ce que je suis aujourd'hui, puisque j'ai vécu dans l'intervalle. Si donc les deux images sont les mêmes, elles ne se présentent pas dans le même cadre, et le vague sentiment de la différence des cadres entoure, comme une frange, la conscience que je prends de l'identité des images et me permet à tout instant de les distinguer. Au contraire, dans la fausse reconnaissance, les cadres sont identiques, comme les images elles-mêmes. J'assiste au même spectacle avec les mêmes sensations, les mêmes préoccupations : bref, je suis en ce moment au même point, à la même date, au même instant où j'étais alors de mon histoire. C'est donc à peine si l'on peut parler ici d'illusion, puisque la connaissance illusoire est l'imitation d'une connaissance réelle, et que le phénomène auquel nous avons affaire n'imite aucun autre phénomène de notre expérience. Et c'est à peine si l'on peut parler de fausse reconnaissance, puisqu'il n'y a pas de reconnaissance vraie, d'un genre ou d'un autre, dont celle-ci serait l'exacte contrefaçon. En réalité il s'agit d'un phénomène unique en son genre, celui-là même que produirait le « souvenir du présent » s'il surgissait tout à coup de l'inconscient où il doit rester. Il ferait l'effet d'un souvenir, puisque le souvenir offre une marque distinctive, autre que celle de la perception ; mais il ne pourrait pas être rapporté à une expérience passée, parce que chacun de nous sait bien qu'on ne vit pas deux fois le même moment de son histoire.

Henri Bergson

Reste à savoir pourquoi ce souvenir demeure ordinairement caché, et comment il se révèle dans des cas extraordinaires. D'une manière générale, *en droit*, le passé ne revient à la conscience que dans la mesure où il peut aider à comprendre le présent et à prévoir l'avenir : c'est un éclaireur de l'action. On fait fausse route quand on étudie les fonctions de représentation à l'état isolé, comme si elles étaient à elles-mêmes leur propre fin, comme si nous étions de purs esprits, occupés à voir passer des idées et des images. La perception présente attirerait alors à elle un souvenir similaire sans aucune arrière-pensée d'utilité, pour rien, pour le plaisir, — pour le plaisir d'introduire dans le monde mental une loi d'attraction analogue à celle qui gouverne le monde des corps. Nous ne contestons certes pas « la loi de similarité », mais, comme nous le faisions remarquer ailleurs, deux idées quelconques et deux images prises au hasard, si éloignées qu'on les suppose, se ressembleront toujours par quelque côté, puisqu'on trouvera toujours un genre commun dans lequel les faire entrer : de sorte que n'importe quelle perception rappellerait n'importe quel souvenir, s'il n'y avait ici qu'une attraction mécanique du semblable par le semblable. La vérité est que, si une perception rappelle un souvenir, c'est afin que les circonstances qui ont précédé, accompagné et suivi la situation passée jettent quelque lumière sur la situation actuelle et montrent par où en sortir. Mille et mille évocations de souvenirs par ressemblance sont possibles, mais le souvenir qui tend à reparaître est celui qui ressemble à la perception par un certain côté particulier, celui qui peut éclairer et diriger l'acte en préparation. Et ce souvenir lui-même pourrait, à la rigueur, ne pas se manifester : il suffirait qu'il rappelât, sans se montrer lui-même, les circonstances qui ont été données en contiguïté avec lui, ce qui a précédé et ce qui a suivi, enfin ce qu'il importe de connaître pour comprendre le présent et anticiper l'avenir. On concevrait même que rien de tout cela ne se manifestât à la conscience, et que la conclusion seule apparût, je veux dire la suggestion précise d'une certaine démarche à faire. C'est ainsi que les choses se passent probablement chez la plupart des animaux. Mais plus la conscience se développe, plus elle éclaire l'opération de la mémoire et plus aussi elle laisse transparaître l'association par ressemblance, qui est le moyen, derrière l'association par contiguïté, qui est le but. Celle-là, une fois installée dans la conscience, permet à une foule de souvenirs de luxe de s'introduire en vertu de quelque ressemblance, même dépourvue d'intérêt actuel : ainsi s'explique que nous puissions rêver un peu en agissant ; mais ce sont les nécessités de l'action qui ont déterminé les lois du rappel ; elles seules détiennent les clefs de la conscience, et les souvenirs de rêve ne s'introduisent qu'en profitant de ce qu'il y a de lâche, de mal défini, dans la relation de ressemblance qui donne l'autorisation d'entrer. Bref, si la totalité de nos souvenirs exerce à tout instant une poussée du fond de l'inconscient, la conscience attentive à la vie ne laisse passer, légalement, que ceux qui peuvent concourir à l'action présente, quoique beaucoup d'autres se faufilent à la faveur de cette condition générale de ressemblance qu'il a bien fallu poser.

Mais quoi de plus inutile à l'action présente que le souvenir du présent ? Tous les autres souvenirs invoqueraient plutôt des droits, car ils apportent au moins avec eux quelque information, fût-elle sans intérêt actuel. Seul, le souvenir du présent n'a rien à nous apprendre, n'étant que le double de la perception. Nous tenons l'objet réel : que ferions-nous de l'image virtuelle ? Autant vaudrait lâcher la proie pour l'ombre.

C'est pourquoi il n'est pas de souvenir dont notre attention se détourne plus obstinément.

L'attention dont il s'agit n'est d'ailleurs pas cette attention individuelle dont l'intensité, la direction, la durée changent selon les personnes. C'est, pourrait-on dire, l'attention de l'espèce, une attention naturellement tournée vers certaines régions de la vie psychologique, naturellement détournée des autres. À l'intérieur de chacune de ces régions notre attention individuelle se dirigera sans doute à sa fantaisie, mais elle viendra simplement alors se superposer à la première, comme le choix que l'œil individuel fait de tel ou tel objet pour le regarder se superpose à celui que l'œil humain a fait, une fois pour toutes, d'une certaine région déterminée du spectre pour y voir de la lumière. Or, si un fléchissement léger de l'attention individuelle n'est que de la distraction normale, toute défaillance de l'attention spécifique se traduit par des faits pathologiques ou anormaux.

La fausse reconnaissance est une de ces anomalies. Elle tient à un affaiblissement temporaire de l'attention générale à la vie : le regard de la conscience, ne se maintenant plus alors dans sa direction naturelle, se laisse distraire à considérer ce qu'il n'a aucun intérêt à apercevoir. Mais que faut-il entendre ici par « attention à la vie » ? Quel est le genre spécial de distraction qui aboutit à la fausse reconnaissance ? Attention et distraction sont des termes vagues : peut-on les définir plus nettement dans ce cas particulier ? Nous allons essayer de le faire, sans prétendre cependant atteindre, en un sujet aussi obscur, à la clarté complète et à la précision définitive.

On n'a pas assez remarqué que notre présent est surtout une anticipation de notre avenir. La vision que la conscience réfléchie nous donne de notre vie intérieure est sans doute celle d'un état succédant à un état, chacun de ces états commençant en un point, finissant en un autre, et se suffisant provisoirement à lui-même. Ainsi le veut la réflexion, qui prépare les voies au langage ; elle distingue, écarte et juxtapose ; elle n'est à son aise que dans le défini et aussi dans l'immobile ; elle s'arrête à une conception statique de la réalité. Mais la conscience immédiate saisit tout autre chose. Immanente à la vie intérieure, elle la sent plutôt qu'elle ne la voit ; mais elle la sent comme un mouvement, comme un empiétement continu sur un avenir qui recule sans cesse. Ce sentiment devient d'ailleurs très clair quand il s'agit d'un acte déterminé à accomplir. Le terme de l'opération nous apparaît aussitôt, et, pendant tout le temps que nous agissons, nous avons moins conscience de nos états successifs que d'un écart décroissant entre la position actuelle et le terme dont nous nous rapprochons. Ce but lui-même n'est d'ailleurs aperçu que comme un but provisoire ; nous savons qu'il y a autre chose derrière ; dans l'élan que nous prenons pour franchir le premier obstacle nous nous préparons déjà à en sauter un second, en attendant les autres qui se succéderont indéfiniment. De même, quand nous écoutons une phrase, il s'en faut que nous fassions attention aux mots pris isolément : c'est le sens du tout qui nous importe ; dès le début nous reconstruisons ce sens hypothétiquement ; nous lançons notre esprit dans une certaine direction générale, quitte à infléchir diversement cette direction au fur et à mesure que la phrase, en se déroulant, pousse notre attention dans un sens ou dans un autre. Ici encore le présent est

V. LE SOUVENIR DU PRÉSENT ET LA FAUSSE RECONNAISSANCE

aperçu dans l'avenir sur lequel il empiète, plutôt qu'il n'est saisi en lui-même. Cet élan donne à tous les états psychologiques qu'il fait traverser ou enjamber un aspect particulier, mais si constant que nous nous apercevons de son absence, quand il manque, bien plus que de sa présence, à laquelle nous sommes accoutumés. Chacun de nous a pu remarquer le caractère étrange que prend parfois un mot familier quand on arrête sur lui son attention. Le mot apparaît alors comme nouveau, et il l'est en effet ; jamais, jusque-là, notre conscience n'en avait fait un point d'arrêt ; elle le traversait pour arriver à la fin d'une phrase. Il ne nous est pas aussi facile de comprimer l'élan de notre vie psychologique tout entière que celui de notre parole ; mais, là où l'élan général faiblit, la situation traversée doit paraître aussi bizarre que le son d'un mot qui s'immobilise au cours du mouvement de la phrase. Elle ne fait plus corps avec la vie réelle. Cherchant, parmi nos expériences passées, celle qui lui ressemble le plus, c'est au rêve que nous la comparerons.

Or, il faut remarquer que la plupart des sujets, décrivant ce qu'ils éprouvent pendant et après la fausse reconnaissance, parlent d'une impression de rêve. L'illusion s'accompagne « d'une espèce de sentiment inanalysable que la réalité est un rêve », dit M. Paul Bourget[62]. Dans une auto-observation rédigée en anglais, qui me fut remise il y a quelques années, je trouve l'épithète *shadowy* appliquée à l'ensemble du phénomène ; on ajoute que le phénomène se présente plus tard, quand on se le remémore, comme « the half forgotten relic of a dream ». Des observateurs qui ne se connaissent pas entre eux, qui parlent des langues différentes, s'expriment ici en termes qui sont la traduction textuelle les uns des autres. L'impression de rêve est donc à peu près générale.

Mais il faut remarquer aussi que les personnes sujettes à la fausse reconnaissance sont fréquemment portées à trouver étrange un mot familier. Une enquête faite par G. Heymans lui a montré que ces deux dispositions étaient liées l'une à l'autre[63]. L'auteur ajoute avec raison que les théories courantes du premier phénomène n'expliquent pas pourquoi il s'associe au second.

Dans ces conditions, n'est-il pas permis de chercher la cause initiale de la fausse reconnaissance dans un arrêt momentané de notre élan de conscience, arrêt qui ne change rien, sans doute, à la matérialité de notre présent, mais le détache de l'avenir avec lequel il fait corps et de l'action qui en serait la conclusion normale, lui donnant ainsi l'aspect d'un simple tableau, d'un spectacle qu'on s'offre à soi-même, d'une réalité transposée en rêve ? Qu'on nous permette de décrire une impression personnelle. Nous ne sommes pas sujet à la fausse reconnaissance, mais nous avons essayé, bien souvent, depuis que nous l'étudions, de nous replacer dans l'état d'âme décrit par les observateurs et d'induire expérimentalement en nous le phénomène. Nous n'y avons jamais réussi tout à fait ; nous avons pourtant obtenu, à diverses reprises, quelque chose d'approchant, mais de très fuyant. Il faut pour cela que nous nous trouvions en présence d'une scène, non seulement nouvelle pour nous, mais qui tranche sur le cours de notre vie habituelle. Ce sera, par exemple, un spectacle auquel nous assistons en voyage, surtout si le voyage a été improvisé. La première condition est alors que nous éprouvions un certain étonnement tout particulier, que j'appellerai *l'étonnement de se trouver là*. Sur cet étonnement vient se greffer un sentiment assez différent, qui a pourtant une parenté avec lui : le sentiment que *l'avenir est clos*, que la situation est détachée de tout mais que nous sommes attachés à elle. À mesure que ces deux émotions se compénètrent, la réalité perd de sa solidité et notre perception du présent tend aussi à se doubler de quelque autre chose, qui serait derrière. Est-ce le « souvenir du présent » qui transparaît ? Nous n'oserions l'affirmer ; mais il semble bien que nous soyons alors sur le chemin de la fausse reconnaissance, et qu'il y aurait peu de chose à faire pour y arriver.

Maintenant, pourquoi le *souvenir du présent* attend-il, pour se révéler, que l'*élan de conscience* faiblisse ou s'arrête ? Nous ne savons rien du mécanisme par lequel une représentation sort de l'inconscient ou y retombe. Tout ce que nous pouvons faire est de recourir à un schéma provisoire par lequel symboliser l'opération. Revenons à celui dont nous nous étions servi d'abord. Représentons-nous la totalité des souvenirs inconscients comme pressant contre la conscience, — celle-ci ne laissant passer, en principe, que ce qui peut concourir à l'action. Le souvenir du présent fait effort comme les autres ; il est d'ailleurs plus près de nous que les autres ; penché sur notre perception du présent, il est toujours sur le point d'y entrer. La perception n'échappe que par un mouvement continuel en avant, qui maintient l'écart. En d'autres termes,

un souvenir ne s'actualise que par l'intermédiaire d'une perception : le souvenir du présent pénétrerait donc dans la conscience
s'il pouvait s'insinuer dans la perception du présent. Mais celle-ci
est toujours en avance sur lui : grâce à l'élan qui l'anime, elle est
moins dans le présent que dans l'avenir. Supposons que tout à coup
l'élan s'arrête : le souvenir rejoint la perception, le présent est reconnu en même temps qu'il est connu.

La fausse reconnaissance serait donc enfin la forme la plus inoffensive de l'inattention à la vie. Un abaissement constant du ton
de l'attention fondamentale se traduit par des troubles psychologiques plus ou moins profonds et durables. Mais il peut arriver
que cette attention se maintienne d'ordinaire à son ton normal, et
que son insuffisance se manifeste d'une tout autre manière ; par
des arrêts de fonctionnement, généralement très courts, espacés
de loin en loin. Dès que l'arrêt se produit, la fausse reconnaissance
arrive sur la conscience, la recouvre pendant quelques instants et
retombe aussitôt, comme une vague.

Concluons par une dernière hypothèse, que nous faisions pressentir dès le début de notre travail. Si l'inattention à la vie peut
prendre deux formes inégalement graves, n'est-on pas en droit de
supposer que la seconde, plus bénigne, est un moyen de se préser-
ver de l'autre ? Là où une insuffisance de l'attention risquerait de
se traduire par un passage définitif de l'état de veille à l'état de rêve,
la conscience localise le mal sur quelques points où elle ménage à
l'attention autant de courts arrêts : l'attention pourra ainsi se maintenir, tout le reste du temps, en contact avec la réalité. Certains
cas très nets de fausse reconnaissance confirmeraient cette hypothèse. Le sujet se sent d'abord détaché de tout, comme dans un
rêve : il arrive à la fausse reconnaissance aussitôt après, quand il
commence à se ressaisir lui-même[64].

Tel serait donc le trouble de la volonté qui occasionnerait la fausse
reconnaissance. Il en serait même la cause initiale. Quant à la cause
prochaine, elle doit être cherchée ailleurs, dans le jeu combiné de
la perception et de la mémoire. La fausse reconnaissance résulte du
fonctionnement naturel de ces deux facultés livrées à leurs propres
forces. Elle aurait lieu à tout instant si la volonté, sans cesse tendue
vers l'action, n'empêchait le présent de se retourner sur lui-même
en le poussant indéfiniment dans l'avenir. L'*élan de conscience*,

qui manifeste l'élan de vie, échappe à l'analyse par sa simplicité. Du moins peut-on étudier, dans les moments où il se ralentit, les conditions de l'équilibre mobile qu'il avait jusque-là maintenu, et analyser ainsi une manifestation sous laquelle transparaît son essence.

VI. L'EFFORT INTELLECTUEL[65]

Le problème que nous abordons ici est distinct du problème de l'attention, tel que le pose la psychologie contemporaine. Quand nous nous remémorons des faits passés, quand nous interprétons des faits présents, quand nous entendons un discours, quand nous suivons la pensée d'autrui et quand nous nous écoutons penser nous-mêmes, enfin quand un système complexe de représentations occupe notre intelligence, nous sentons que nous pouvons prendre deux attitudes différentes, l'une de tension et l'autre de relâchement, qui se distinguent surtout en ce que le sentiment de l'effort est présent dans l'une et absent de l'autre. Le jeu des représentations est-il le même dans les deux cas ? Les éléments intellectuels sont-ils de même espèce et entretiennent-ils entre eux les mêmes rapports ? Ne trouverait-on pas dans la représentation elle-même, dans les réactions intérieures qu'elle accomplit, dans la forme, le mouvement et le groupement des états plus simples qui la composent, tout ce qui est nécessaire pour distinguer la pensée qui se laisse vivre de la pensée qui se concentre et qui fait effort ? Même, dans le sentiment que nous avons de cet effort, la conscience d'un certain *mouvement de représentations* tout particulier n'entrerait-elle pas pour quelque chose ? Telles sont les questions que nous voulons nous poser. Elles se ramènent toutes à une seule : *Quelle est la caractéristique intellectuelle de l'effort intellectuel ?*

De quelque manière qu'on résolve la question, on laissera intact, disons-nous, le problème de l'attention tel que les psychologues contemporains le posent. En effet, les psychologues se sont surtout préoccupés de l'attention sensorielle, c'est-à-dire de l'attention prêtée à une perception simple. Or, comme la perception simple accompagnée d'attention est une perception qui aurait pu, dans des circonstances favorables, présenter le même contenu — ou à peu près — si l'attention ne s'y était pas jointe, c'est en dehors de ce contenu qu'on a dû chercher ici le caractère spécifique de l'attention. L'idée, proposée par M. Ribot, d'attribuer une importance décisive aux phénomènes moteurs concomitants, et surtout aux actions d'arrêt, est bien près de devenir classique en psychologie. Mais, à mesure que l'état de concentration intellectuelle se complique, il devient plus solidaire de l'effort qui l'accompagne. Il y a des travaux de l'esprit dont on ne conçoit pas qu'ils s'accomplissent avec aisance et facilité. Pourrait-on, sans effort, inventer une nouvelle machine ou même simplement extraire une racine carrée ? L'état intellectuel porte donc ici, imprimée sur lui, en quelque sorte, la marque de l'effort. Ce qui revient à dire qu'il y a ici une caractéristique intellectuelle de l'effort intellectuel. Il est vrai que, si cette caractéristique existe pour les représentations d'ordre complexe et élevé, on doit en retrouver quelque chose dans des états plus simples. Il n'est donc pas impossible que nous en découvrions des traces jusque dans l'attention sensorielle elle-même, encore que cet élément n'y joue plus qu'un rôle accessoire et effacé.

Pour simplifier l'étude, nous examinerons les diverses espèces de travail intellectuel séparément, en allant du plus facile, qui est reproduction, au plus difficile, qui est production ou invention. C'est donc l'effort de mémoire, ou plus précisément de rappel, qui nous occupera d'abord.

Dans un précédent essai[66], nous avons montré qu'il fallait distinguer une série de « plans de conscience » différents, depuis le « souvenir pur », non encore traduit en images distinctes, jusqu'à ce même souvenir actualisé en sensations naissantes et en mouvements commencés. L'évocation volontaire d'un souvenir, disions-nous, consiste à traverser ces plans de conscience l'un après l'autre, dans une direction déterminée. En même temps que paraissait notre travail, M. S. Witasek publiait un article intéressant et suggestif[67] où la même opération était définie « un passage du non-intuitif à l'intuitif ». C'est en revenant sur quelques points du premier travail, et en nous aidant aussi du second, que nous étudierons d'abord, dans le cas du rappel des souvenirs, la différence entre la représentation spontanée et la représentation volontaire.

En général, quand nous apprenons une leçon par cœur ou quand nous cherchons à fixer dans notre mémoire un groupe d'impressions, notre unique objet est de bien retenir ce que nous apprenons. Nous ne nous soucions guère de ce que nous aurons à faire plus tard pour nous remémorer ce que nous aurons appris. Le mécanisme du rappel nous est indifférent ; l'essentiel est que nous puissions rappeler le souvenir, n'importe comment, quand nous en aurons besoin. C'est pourquoi nous employons simultanément ou successivement les procédés les plus divers, faisant jouer la mémoire machinale aussi bien que la mémoire intelligente, juxtaposant entre elles les images auditives, visuelles et motrices pour les retenir telles quelles à l'état brut, ou cherchant au contraire à leur substituer une idée simple qui en exprime le sens et qui permette, le cas échéant, d'en reconstituer la série. C'est pourquoi aussi, quand vient le moment du rappel, nous ne recourons pas exclusivement à l'intelligence ni exclusivement à l'automatisme : automatisme et réflexion se mêlent ici intimement, l'image évoquant l'image en même temps que l'esprit travaille sur des représentations moins concrètes. De là l'extrême difficulté que nous éprouvons à définir avec précision la différence entre les deux attitudes que prend l'esprit quand il se rappelle machinalement toutes les parties d'un souvenir complexe et quand, au contraire, il les reconstitue activement. Il y a presque toujours une part de rappel mécanique et une part de reconstitution intelligente, si bien mêlées ensemble que nous ne saurions dire où commence l'une et où finit l'autre. Toutefois, des cas exceptionnels se présentent où nous nous proposons d'apprendre une leçon compliquée en vue d'un rappel instantané et, autant que possible, machinal. D'un autre côté, il y a des cas où nous savons que la leçon à apprendre n'aura jamais à être rappelée tout d'un coup, mais qu'elle devra au contraire être l'objet d'une reconstitution graduelle et réfléchie. Examinons donc d'abord ces cas extrêmes. Nous allons voir qu'on s'y prend tout différemment pour retenir, selon la manière dont on devra se rappeler. D'autre part, le travail *sui generis* qu'on effectue, en acquérant le souvenir, pour favoriser l'effort intelligent de rappel ou au contraire pour le rendre inutile, nous renseignera sur la nature et les conditions de cet effort.

Dans une page curieuse de ses *Confidences,* Robert Houdin explique comment il procéda pour développer chez son jeune fils une mémoire intuitive et instantanée[68]. Il commença par montrer à l'enfant un dé de dominos, le cinq-quatre, en lui demandant le total des points et *sans le laisser compter*. À ce dé il en adjoignit alors un autre, le quatre-trois, exigeant ici encore une réponse immédiate. Il arrêta là sa première leçon. Le lendemain, il réussissait à faire additionner d'un coup d'œil trois et quatre dés, le surlendemain cinq : en ajoutant chaque jour de nouveaux progrès à ceux de la veille, il finit par obtenir instantanément la somme des points de douze dominos. « Ce résultat acquis, nous nous occupâmes d'un travail bien autrement difficile, auquel nous nous livrâmes pendant plus d'un mois. Nous passions, mon fils et moi, assez rapidement devant un magasin de jouets d'enfants, ou tout autre qui était garni de marchandises variées, et nous y jetions un regard attentif. À quelques pas de là, nous tirions de notre poche un crayon et du papier, et nous luttions séparément à qui décrirait un plus grand nombre d'objets que nous avions pu saisir au passage..... Il arrivait souvent à mon fils d'inscrire une quarantaine d'objets..... » Le but de cette éducation spéciale était de mettre l'enfant à même de saisir d'un seul coup d'œil, dans une salle de spectacle, tous les objets portés sur eux par tous les assistants : alors, les yeux bandés, il simulait la seconde-vue en décrivant, sur un signe conventionnel de son père, un objet choisi au hasard par un des spectateurs. Cette mémoire visuelle s'était développée à tel point qu'après quelques instants passés devant une bibliothèque l'enfant retenait un assez grand nombre de titres, avec la place exacte des volumes correspondants. Il prenait, en quelque sorte, une photographie mentale du tout, qui permettait ensuite le rappel immédiat des parties. Mais, dès la première leçon, et dans l'interdiction même d'additionner entre eux les points des dominos, nous apercevons le ressort principal de cette éducation de la mémoire. Toute interprétation de l'image visuelle était exclue de l'acte de vision : l'intelligence était maintenue sur le plan des images visuelles.

C'est sur le plan des images auditives ou des images d'articulation qu'il faut la laisser pour donner une mémoire du même genre à l'oreille. Parmi les méthodes proposées pour l'enseignement des langues figure celle de Prendergast[69], dont le principe a été plus d'une fois utilisé. Elle consiste à faire prononcer d'abord des phrases dont on ne permet pas à l'élève de chercher la signification. Jamais de mots isolés : toujours des propositions complètes, qu'il faudra répéter machinalement. Si l'élève cherche à deviner le sens, le résultat est compromis. S'il a un moment d'hésitation, tout est à recommencer. En variant la place des mots, en pratiquant des échanges de mots entre les phrases, on fait que le sens se dégage de lui-même pour l'oreille, en quelque sorte, sans que l'intelligence s'en mêle. L'objet est d'obtenir de la mémoire le rappel instantané et facile. Et l'artifice consiste à faire évoluer l'esprit, le plus possible, parmi des images de sons ou d'articulations, sans qu'interviennent des éléments plus abstraits, extérieurs au plan des sensations et des mouvements.

La facilité de rappel d'un souvenir complexe serait donc en raison directe de la tendance de ses éléments à s'étaler sur un même plan de conscience. Et en effet, chacun de nous a pu faire cette observation sur lui-même. Une pièce de vers apprise au collège nous est-elle restée dans la mémoire ? Nous nous apercevons, en la récitant, que le mot appelle le mot et qu'une réflexion sur le sens gênerait plutôt qu'elle ne favoriserait le mécanisme du rappel. Les souvenirs, en pareil cas, peuvent être auditifs ou visuels. Mais ils sont toujours, en même temps, moteurs. Même, il nous est difficile de distinguer ce qui est souvenir de l'oreille et ce qui est habitude d'articulation. Si nous nous arrêtons au milieu de la récitation, notre sentiment de l' « incomplet » nous paraîtra tenir tantôt à ce que le reste de la pièce de vers continue à chanter dans notre mémoire, tantôt à ce que le mouvement d'articulation n'est pas allé jusqu'au bout de son élan et voudrait l'épuiser, tantôt et le plus souvent à l'un et à l'autre tout à la fois. Mais il faut remarquer que ces deux groupes de souvenirs, — souvenirs auditifs et souvenirs moteurs, — sont de même ordre, également concrets, également voisins de la sensation : ils sont, pour revenir à l'expression déjà employée, sur un même « plan de conscience ».

Au contraire, si le rappel s'accompagne d'un effort, c'est que l'esprit se meut d'un plan à un autre.

Comment apprendre par cœur, quand ce n'est pas en vue d'un rappel instantané ? Les traités de mnémotechnie nous le disent, mais chacun de nous le devine. On lit le morceau attentivement, puis on le divise en paragraphes ou sections, en tenant compte de son organisation intérieure. On obtient ainsi une vue schématique de l'ensemble. Alors, à l'intérieur du schéma, on insère les expressions les plus remarquables. On rattache à l'idée dominante les idées subordonnées, aux idées subordonnées les mots dominateurs et représentatifs, à ces mots enfin les mots intermédiaires qui les relient comme en une chaîne. « Le talent du mnémoniste consiste à saisir dans un morceau de prose ces idées saillantes, ces courtes phrases, ces simples mots qui entraînent avec eux des pages entières[70]. » Ainsi s'exprime un traité. Un autre donne la règle suivante : « Réduire en formules courtes et substantielles..., noter dans chaque formule le mot suggestif... associer tous ces mots entre eux et former ainsi une chaîne logique d'idées[71]. » On ne rattache donc plus ici, mécaniquement, des images à des images, chacune devant ramener celle qui vient après elle. On se transporte en un point où la multiplicité des images semble se condenser en une représentation unique, simple et indivisée. C'est cette représentation que l'on confie à sa mémoire. Alors, quand viendra le moment du rappel, on redescendra du sommet de la pyramide vers la base. On passera, du plan supérieur où tout était ramassé dans une seule représentation, à des plans de moins en moins élevés, de plus en plus voisins de la sensation, où la représentation simple est éparpillée en images, où les images se développent en phrases et en mots. Il est vrai que le rappel ne sera plus immédiat et facile. Il s'accompagnera d'effort.

Avec cette seconde méthode, il faudra sans doute plus de temps pour se rappeler, mais il en faudra moins pour apprendre. Le perfectionnement de la mémoire, comme on l'a fait remarquer bien souvent, est moins un accroissement de retentivité qu'une plus grande habileté à subdiviser, coordonner et enchaîner les idées. Le prédicateur cité par W. James mettait d'abord trois ou quatre jours à apprendre un sermon par cœur. Plus tard, il n'en fallait plus que deux, puis un seul : finalement, une lecture unique, attentive et *analytique,* suffisait[72]. Le progrès n'est évidemment ici qu'une aptitude croissante à faire converger toutes les idées, toutes les images, tous les mots sur un seul point. Il s'agit d'obtenir la pièce unique dont tout le reste n'est que la monnaie.

Quelle est cette pièce unique ? Comment tant d'images diverses tiennent-elles implicitement dans une représentation simple ? Nous aurons à revenir sur ce point. Bornons-nous pour le moment à mettre sur la représentation simple, développable en images multiples, un nom qui la fasse reconnaître : nous dirons, en faisant appel au grec, que c'est un *schéma dynamique*. Nous entendons par là que cette représentation contient moins les images elles-mêmes que l'indication de ce qu'il faut faire pour les reconstituer. Ce n'est pas un extrait des images, obtenu en appauvrissant chacune d'elles : on ne comprendrait pas alors que le schéma nous permît, dans bien des cas, de retrouver les images intégralement. Ce n'est pas non plus, ou du moins ce n'est pas seulement, la représentation abstraite de ce que signifie l'ensemble des images. Sans doute l'idée de la signification y tient une large place ; mais, outre qu'il est difficile de dire ce que devient cette idée de la signification des images quand on la détache complètement des images elles-mêmes, il est clair que la même signification logique peut appartenir à des séries d'images toutes différentes et qu'elle ne suffirait pas, par conséquent, à nous faire retenir et reconstituer telle série d'images déterminée à l'exclusion des autres. Le schéma est quelque chose de malaisé à définir, mais dont chacun de nous a le sentiment, et dont on comprendra la nature si l'on compare entre elles les diverses espèces de mémoires, surtout les mémoires techniques ou professionnelles. Nous ne pouvons entrer ici dans le détail. Nous dirons cependant quelques mots d'une mémoire qui a été, dans ces dernières années, l'objet d'une étude particulièrement attentive et pénétrante, la mémoire des joueurs d'échecs[73].

On sait que certains joueurs d'échecs sont capables de conduire de front plusieurs parties sans regarder les échiquiers. À chaque coup de l'un de leurs adversaires, on leur indique la nouvelle position de la pièce déplacée. Ils font mouvoir alors une pièce de leur propre jeu, et ainsi, jouant « à l'aveugle », se représentant mentalement à tout moment les positions respectives de toutes les pièces sur tous les échiquiers, ils arrivent à gagner, souvent contre d'habiles joueurs, les parties simultanées. Dans une page bien connue de son livre sur l'Intelligence, Taine a analysé cette aptitude, d'après les indications fournies par un de ses amis[74]. Il y aurait là, selon lui, une mémoire purement visuelle. Le joueur apercevrait sans cesse, comme dans un miroir intérieur, l'image de chacun des échiquiers avec ses pièces, telle qu'elle se présente au dernier coup joué.

Or, de l'enquête faite par M. Binet auprès d'un certain nombre de « joueurs sans voir » une conclusion bien nette paraît se dégager :

c'est que l'image de l'échiquier avec ses pièces ne s'offre pas à la mé-moire telle quelle, « comme dans un miroir », mais qu'elle exige à tout instant, de la part du joueur, un effort de reconstitution. Quel est cet effort ? Quels sont les éléments effectivement présents à la mémoire ? C'est ici que l'enquête a donné des résultats inattendus. Les joueurs consultés s'accordent d'abord à déclarer que la vision mentale des pièces elles-mêmes leur serait plus nuisible qu'utile : ce qu'ils retiennent et se représentent de chaque pièce, ce n'est pas son aspect extérieur, mais sa puissance, sa portée et sa valeur, enfin sa fonction. Un fou n'est pas un morceau de bois de forme plus ou moins bizarre : c'est une « force oblique ». La tour est une certaine puissance de « marcher en ligne droite », le cavalier « une pièce qui équivaut à peu près à trois pions et qui se meut selon une loi toute particulière », etc. Voilà pour les pièces. Voici maintenant pour la partie. Ce qui est présent à l'esprit du joueur, c'est une composition de forces, ou mieux une relation entre puissances alliées ou hos-tiles. Le joueur refait mentalement l'histoire de la partie depuis le début. Il reconstitue les événements successifs qui ont amené la situation actuelle. Il obtient ainsi une représentation du tout qui lui permet, à un moment quelconque, de visualiser les éléments. Cette représentation abstraite est d'ailleurs *une*. Elle implique une péné-tration réciproque de tous les éléments les uns dans les autres. Ce qui le prouve, c'est que chaque partie apparaît au joueur avec une physionomie qui lui est propre. Elle lui donne une impression *sui generis*. « Je la saisis comme le musicien saisit dans son ensemble un accord », dit un des personnages consultés. Et c'est justement cette différence de physionomie qui permet de retenir plusieurs parties sans les confondre entre elles. Donc, ici encore, il y a un schéma représentatif du tout, et ce schéma n'est ni un extrait, ni un résumé. Il est aussi complet que le sera l'image une fois ressuscitée, mais il contient à l'état d'implication réciproque ce que l'image dé-veloppera en parties extérieures les unes aux autres.

Analysez votre effort quand vous évoquez avec peine un souvenir simple. Vous partez d'une représentation où vous sentez que sont donnés l'un dans l'autre des éléments dynamiques très différents. Cette implication réciproque, et par conséquent cette complica-tion intérieure, est chose si nécessaire, elle est si bien l'essentiel de la représentation schématique, que le schème pourra, si l'image à évoquer est simple, être beaucoup moins simple qu'elle. Je n'irai pas bien loin pour en trouver un exemple. Il y a quelque temps, jetant sur le papier le plan du présent article et arrêtant la liste des travaux à consulter, je voulus inscrire le nom de Prendergast, l'auteur dont je citais tout à l'heure la méthode intuitive et dont j'avais lu autrefois les publications parmi beaucoup d'autres sur la mémoire. Mais je ne pouvais ni retrouver ce nom, ni me rappeler l'ouvrage où je l'avais d'abord vu cité. J'ai noté les phases du travail par lequel j'essayai d'évoquer le nom récalcitrant. Je partis de l'impression générale qui m'en était restée. C'était une impression d'étrangeté, mais non pas d'étrangeté indéterminée. Il y avait comme une note dominante de barbarie, de rapine, le sentiment qu'aurait pu me laisser un oiseau de proie fondant sur sa victime, la comprimant dans ses serres, l'emportant avec lui. Je me dis bien maintenant que le mot *prendre*, qui était à peu près figuré par les deux premières syllabes du nom cherché, devait entrer pour une large part dans mon impression ; mais je ne sais si cette ressemblance aurait suffi à déterminer une nuance de sentiment aussi précise, et en voyant avec quelle obstination le nom d' « Arbogaste » se présente aujourd'hui à mon esprit quand je pense à « Prendergast », je me demande si je n'avais pas fait fusionner ensemble l'idée générale de prendre et le nom d'Arbogaste : ce dernier nom, qui m'était resté du temps où j'apprenais l'histoire romaine, évoquait dans ma mémoire de vagues images de barbarie. Pourtant je n'en suis pas sûr, et tout ce que je puis affirmer est que l'impression laissée dans mon esprit était absolument *sui generis,* et qu'elle tendait, à travers mille difficultés, à se transformer en nom propre. C'étaient surtout les lettres *d* et *r* qui étaient ramenées à ma mémoire par cette impression. Mais elles n'étaient pas ramenées comme des images visuelles ou auditives, ou même comme des images motrices toutes faites. Elles se présentaient surtout comme indiquant une certaine *direction d'effort* à suivre pour arriver à l'articulation du nom cherché. Il me semblait, à tort d'ailleurs, que ces lettres devaient être les premières du mot, justement parce qu'elles avaient l'air de me montrer un chemin. Je me disais qu'en essayant, avec elles, des diverses voyelles tour à tour, je réussirais à prononcer la première syllabe et à prendre ainsi un élan qui me transporterait jusqu'au bout du mot. Ce travail aurait-il fini par aboutir ? Je ne

VI. L'EFFORT INTELLECTUEL

sais, mais il n'était pas encore très avancé quand brusquement me revint à l'esprit que le nom était cité dans une note du livre de Kay sur l'éducation de la mémoire, et que c'est là d'ailleurs que j'avais fait connaissance avec lui. C'est là que j'allai aussitôt le chercher. Peut-être la résurrection soudaine du souvenir utile fut-elle l'effet du hasard. Mais peut-être aussi le travail destiné à convertir le schéma en image avait-il dépassé le but, évoquant alors, au lieu de l'image elle-même, les circonstances qui l'avaient encadrée primitivement.

Dans ces exemples, l'effort de mémoire paraît avoir pour essence de *développer* un schéma sinon simple, du moins concentré, en une image aux éléments distincts et plus ou moins indépendants les uns des autres. Quand nous laissons notre mémoire errer au hasard, sans effort, les images succèdent aux images, toutes situées sur un même plan de conscience. Au contraire, dès que nous faisons effort pour nous souvenir, il semble que nous nous ramassions à un étage supérieur pour descendre ensuite progressivement vers les images à évoquer. Si, dans le premier cas, associant des images à des images, nous nous mouvions d'un mouvement que nous appellerons par exemple horizontal, sur un plan unique, il faudra dire que dans le second cas le mouvement est vertical, et qu'il nous fait passer d'un plan à un autre. Dans le premier cas, les images sont homogènes entre elles, mais représentatives d'objets différents ; dans le second, c'est un seul et même objet qui est représenté à tous les moments de l'opération, mais il l'est différemment, par des états intellectuels hétérogènes entre eux, tantôt schémas et tantôt images, le schéma tendant vers l'image à mesure que le mouvement de descente s'accentue. Enfin chacun de nous a le sentiment bien net d'une opération qui se poursuivrait en extension et en superficie dans un cas, en intensité et en profondeur dans l'autre.

Il est rare, d'ailleurs, que les deux opérations s'accomplissent isolément et qu'on les trouve à l'état pur. La plupart des actes de rappel comprennent à la fois une descente du schéma vers l'image et une promenade parmi les images elles-mêmes. Mais cela revient à dire, comme nous l'indiquions au début de cette étude, qu'un acte de mémoire renferme d'ordinaire une part d'effort et une part d'automatisme. Je pense en ce moment à un long voyage que je fis autrefois. Les incidents de ce voyage me reviennent à l'esprit dans un ordre quelconque, s'appelant mécaniquement les uns les autres.

Henri Bergson

Mais si je fais effort pour m'en remémorer telle ou telle période, c'est que je vais du tout de la période aux parties qui la composent, le tout m'apparaissant d'abord comme un schéma indivisé, avec une certaine coloration affective. Souvent d'ailleurs les images, après avoir simplement joué entre elles, me demandent de recourir au schéma pour les compléter. Mais quand j'ai le sentiment de l'effort, c'est sur le trajet du schéma à l'image.

Concluons pour le moment que *l'effort de rappel consiste à convertir une représentation schématique, dont les éléments s'entrepénètrent, en une représentation imagée dont les parties se juxtaposent.*

Il faudrait maintenant étudier l'effort d'intellection en général, celui que nous fournissons pour comprendre et pour interpréter. Je me bornerai ici à des indications, en renvoyant pour le reste à un travail antérieur[75].

L'acte d'intellection s'accomplissant sans cesse, il est difficile de dire ici où commence et où finit l'effort intellectuel. Toutefois il y a une certaine manière de comprendre et d'interpréter qui exclut l'effort, et il y en a une autre qui, sans l'impliquer nécessairement, est généralement observable là où il se produit.

L'intellection du premier genre est celle qui consiste, étant donné une perception plus ou moins complexe, à y répondre automatiquement par l'acte approprié. Qu'est-ce que reconnaître un objet usuel sinon savoir s'en servir ? et qu'est-ce que « savoir s'en servir » sinon esquisser machinalement, quand on le perçoit, l'action que l'habitude a associée à cette perception ? On sait que les premiers observateurs avaient donné le nom d'apraxie à la cécité psychique, exprimant par là que l'inaptitude à reconnaître les objets usuels est surtout une impuissance à les utiliser[76]. Cette intellection tout automatique s'étend d'ailleurs beaucoup plus loin qu'on ne se l'imagine. La conversation courante se compose en grande partie de réponses toutes faites à des questions banales, la réponse succédant à la question sans que l'intelligence s'intéresse au sens de l'une ou de l'autre. C'est ainsi que des déments soutiendront une conversation à peu près cohérente sur un sujet simple, quoiqu'ils ne sachent plus ce qu'ils disent[77]. On l'a fait remarquer bien des fois : nous pouvons lier des mots à des mots en nous réglant sur la compatibilité ou l'incompatibilité pour ainsi dire musicales des sons entre eux, et composer ainsi des phrases qui se tiennent, sans que l'intelligence proprement dite s'en mêle. Dans ces exemples, l'interprétation des sensations se fait tout de suite par des mouvements. L'esprit reste, comme nous Le disions, sur un seul et même « plan de conscience ».

Tout autre est l'intellection vraie. Elle consiste dans un mouvement de l'esprit qui va et qui vient entre les perceptions ou les images, d'une part, et leur*signification*, de l'autre. Quelle est la direction essentielle de ce mouvement ? On pourrait croire que nous partons ici des images pour remonter à leur signification, puisque ce sont des images qui sont données d'abord, et que « comprendre » consiste, en somme, à interpréter des perceptions ou des images. Qu'il s'agisse de suivre une démonstration, de lire un livre, d'entendre un discours, toujours ce sont des perceptions ou images qui sont présentées à l'intelligence pour être traduites par elle en relations, comme si elle devait aller du concret à l'abstrait. Mais ce n'est là qu'une apparence, et il est aisé de voir que l'esprit fait en réalité l'inverse dans le travail d'interprétation.

C'est évident dans le cas d'une opération mathématique. Pouvonsnous suivre un calcul si nous ne le refaisons pas pour notre propre compte ? Comprenons-nous la solution d'un problème autrement qu'en résolvant le problème à notre tour ? Le calcul est écrit au tableau, la solution est imprimée dans un livre ou exposée de vive voix ; mais les chiffres que nous voyons ne sont que des poteaux indicateurs auxquels nous nous reportons pour nous assurer que nous ne faisons pas fausse route ; les phrases que nous lisons ou entendons n'ont un sens complet pour nous que lorsque nous sommes capables de les retrouver par nous-mêmes, de les créer à nouveau, pour ainsi dire, en tirant de notre propre fonds l'expression de la vérité mathématique qu'elles enseignent. Le long de la démonstration vue ou entendue nous avons cueilli quelques suggestions, choisi des points de repère. De ces images visuelles ou auditives nous avons sauté à des représentations abstraites de relation. Partant alors de ces représentations, nous les déroulons en mots imaginés qui viennent rejoindre et recouvrir les mots lus ou entendus.

Mais n'en est-il pas de même de tout travail d'interprétation ? On raisonne quelquefois comme si lire et écouter consistaient à s'appuyer sur les mots vus ou entendus pour s'élever de chacun d'eux à l'idée correspondante, et juxtaposer ensuite ces diverses idées entre elles. L'étude expérimentale de la lecture et de l'audition des mots nous montre que les choses se passent d'une tout autre manière. D'abord, ce que nous voyons d'un mot dans la lecture courante se réduit à très peu de chose : quelques lettres — moins que cela, quelques jambages ou traits caractéristiques. Les expériences de Cattell, de Goldscheider et Müller, de Pillsbury (critiquées, il est vrai, par Erdmann et Dodge) paraissent concluantes sur ce point. Non moins instructives sont celles de Bagley sur l'audition de la parole ; elles établissent avec précision que nous n'entendons qu'une partie des mots prononcés. Mais, indépendamment de toute expérience scientifique, chacun de nous a pu constater l'impossibilité où il est de percevoir distinctement les mots d'une langue qu'il ne connaît pas. La vérité est que la vision et l'audition brutes se bornent, en pareil cas, à nous fournir des points de repère ou mieux à nous tracer un cadre, que nous remplissons avec nos souvenirs. Ce serait se tromper étrangement ici sur le mécanisme de la reconnaissance que de croire que nous commençons par voir et par entendre, et qu'ensuite, la perception une fois constituée, nous la rapprochons d'un souvenir semblable pour la reconnaître. La vérité est que c'est le souvenir qui nous fait voir et entendre, et que la perception serait incapable, par elle-même, d'évoquer le souvenir qui lui ressemble, puisqu'il faudrait, pour cela, qu'elle eût déjà pris forme et fût suffisamment complète ; or elle ne devient perception complète et n'acquiert une forme distincte que par le souvenir lui-même, lequel s'insinue en elle et lui fournit la plus grande partie de sa matière. Mais, s'il en est ainsi, il faut bien que ce soit le *sens*, avant tout, qui nous guide dans la reconstitution des formes et des sons. Ce que nous voyons de la phrase lue, ce que nous entendons de la phrase prononcée, est tout juste ce qui est nécessaire pour nous placer dans l'ordre d'idées correspondant : alors, partant des idées, c'est-à-dire des relations abstraites, nous les matérialisons imaginativement en mots hypothétiques qui essaient de se poser sur ce que nous voyons et entendons. L'interprétation est donc en réalité une reconstruction. Un premier contact avec l'image imprime à la pensée abstraite sa direction. Celle-ci se développe ensuite en images représentées qui prennent contact à leur tour avec les images perçues, les suivent à la trace, s'efforcent de les recouvrir. Là où la superposition est parfaite, la perception est complètement interprétée.

Ce travail d'interprétation est trop facile, quand nous entendons parler notre propre langue, pour que nous ayons le temps de le décomposer en ses diverses phases. Mais nous en avons la conscience nette quand nous conversons dans une langue étrangère que nous connaissons imparfaitement. Nous nous rendons bien compte alors que les sons distinctement entendus nous servent de points de repère, que nous nous plaçons d'emblée dans un ordre de représentations plus ou moins abstraites, suggéré par ce que notre oreille entend, et qu'une fois adopté ce *ton* intellectuel, nous marchons, avec le sens conçu, à la rencontre des sons perçus. Il faut, pour que l'interprétation soit exacte, que la jonction s'opère.

Concevrait-on, d'ailleurs, que l'interprétation fût possible si nous allions réellement des mots aux idées ? Les mots d'une phrase n'ont pas un sens absolu. Chacun d'eux emprunte une nuance de signification particulière à ce qui le précède et à ce qui le suit. Les mots d'une phrase ne sont pas tous capables, non plus, d'évoquer une image ou une idée indépendantes. Beaucoup d'entre eux expriment des relations, et ne les expriment que par leur place dans l'ensemble et par leur lien avec les autres mots de la phrase. Une intelligence qui irait sans cesse du mot à l'idée serait constamment embarrassée et, pour ainsi dire, errante. L'intellection ne peut être franche et sûre que si nous partons du sens supposé, reconstruit hypothétiquement, si nous descendons de là aux fragments de mots réellement perçus, si nous nous repérons sur eux sans cesse, et si nous nous servons d'eux comme de simples jalons pour dessiner dans toutes ses sinuosités la courbe spéciale de la route que suivra l'intelligence.

Je ne puis aborder ici le problème de l'attention sensorielle. Mais je crois que l'attention volontaire, celle qui s'accompagne ou qui peut s'accompagner d'un sentiment d'effort, diffère précisément ici de l'attention machinale en ce qu'elle met en œuvre des éléments psychologiques situés sur des plans de conscience différents. Dans l'attention que nous prêtons machinalement, il y a des mouvements et des attitudes favorables à la perception distincte, qui répondent à l'appel de la perception confuse. Mais il ne semble pas qu'il y ait jamais attention volontaire sans une « préperception », comme disait Lewes[78], c'est-à-dire sans une représentation qui soit tantôt une image anticipée, tantôt quelque chose de plus abstrait, — une hypothèse relative à la signification de ce qu'on va percevoir et à la relation probable de cette perception avec certains éléments de l'expérience passée. On a discuté sur le sens véritable des oscillations de l'attention. Les uns attribuent au phénomène une origine centrale, les autres une origine périphérique. Mais, même si l'on n'accepte pas la première thèse, il semble bien qu'il faille en retenir quelque chose, et admettre que l'attention ne va pas sans une certaine projection excentrique d'images qui descendent vers la perception. On s'expliquerait ainsi l'effet de l'attention, qui est soit d'intensifier l'image, comme le soutiennent certains auteurs, soit au moins de la rendre plus claire et plus distincte. Comprendrait-on *l'enrichissement* graduel de la perception par l'attention si la perception brute était autre chose ici qu'un simple moyen de suggestion, un appel, lancé surtout à la mémoire ? La perception brute de certaines parties suggère une représentation schématique de l'ensemble et, par là, des relations des parties entre elles. Développant ce schéma en images-souvenirs, nous cherchons à faire coïncider ces images-souvenirs avec les images perçues. Si nous n'y arrivons pas, c'est à une autre représentation schématique que nous nous transportons. Et toujours la partie positive, utile, de ce travail consiste à marcher du schéma à l'image perçue.

L'effort intellectuel pour interpréter, comprendre, faire attention, est donc un mouvement du « schéma dynamique » dans la direction de l'image qui le développe. C'est une transformation continue de relations abstraites, suggérées par les objets perçus, en images concrètes, capables de recouvrir ces objets. Sans doute le sentiment de l'effort ne se produit pas toujours dans cette opération. On verra tout à l'heure à quelle condition particulière l'opération satisfait quand l'effort s'y joint. Mais c'est seulement au cours d'un développement de ce genre que nous avons conscience d'un effort intellectuel. *Le sentiment de l'effort d'intellection se produit sur le trajet du schéma à l'image.*

Resterait à vérifier cette loi sur les formes les plus hautes de l'effort intellectuel : je veux parler de l'effort d'invention. Comme l'a fait remarquer M. Ribot, créer imaginativement est résoudre un problème[79]. Or, comment résoudre un problème autrement qu'en le supposant d'abord résolu ? On se représente, dit M. Ribot, un idéal, c'est-à-dire un certain effet obtenu, et l'on cherche alors par quelle composition d'éléments cet effet s'obtiendra. On se transporte d'un bond au résultat complet, à la fin qu'il s'agit de réaliser : tout l'effort d'invention est alors une tentative pour combler l'intervalle par-dessus lequel on a sauté, et arriver de nouveau à cette même fin en suivant cette fois le fil continu des moyens qui la réaliseraient. Mais comment apercevoir ici la fin sans les moyens, le tout sans les parties ? Ce ne peut être sous forme d'image, puisqu'une image qui nous ferait voir l'effet s'accomplissant nous montrerait, intérieurs à cette image même, les moyens par lesquels l'effet s'accomplit. Force nous est donc bien d'admettre que le tout s'offre comme un schéma, et que l'invention consiste précisément à convertir le schéma en image.

L'inventeur qui veut construire une certaine machine se représente le travail à obtenir. La forme abstraite de ce travail évoque successivement dans son esprit, à force de tâtonnements et d'expériences, la forme concrète des divers mouvements composants qui réaliseraient le mouvement total, puis celles des pièces et des combinaisons de pièces capables de donner ces mouvements partiels. À ce moment précis l'invention a pris corps : la représentation schématique est devenue une représentation imagée. L'écrivain qui fait un roman, l'auteur dramatique qui crée des personnages et des situations, le musicien qui compose une symphonie et le poète qui compose une ode, tous ont d'abord dans l'esprit quelque chose de simple et d'abstrait, je veux dire d'incorporel. C'est, pour le musicien ou le poète, une impression neuve qu'il s'agit de dérouler en sons ou en images. C'est, pour le romancier ou le dramaturge, une thèse à développer en événements, un sentiment, individuel ou social, à matérialiser en personnages vivants. On travaille sur un schéma du tout, et le résultat est obtenu quand on arrive à une image distincte des éléments. M. Paulhan a montré sur des exemples du plus haut intérêt comment l'invention littéraire et poétique va ainsi « de l'abstrait au concret », c'est-à-dire, en somme, du tout aux parties et du schéma à l'image[80].

Il s'en faut d'ailleurs que le schéma reste immuable à travers l'opération. Il est modifié par les images mêmes dont il cherche à se remplir. Parfois il ne reste plus rien du schéma primitif dans l'image définitive. À mesure que l'inventeur réalise les détails de sa machine, il renonce à une partie de ce qu'il en voulait obtenir, ou il en obtient autre chose. Et, de même, les personnages créés par le romancier et le poète réagissent sur l'idée ou le sentiment qu'ils sont destinés à exprimer. Là est surtout la part de l'imprévu ; elle est, pourrait-on dire, dans le mouvement par lequel l'image se retourne vers le schéma pour le modifier ou le faire disparaître. Mais l'effort proprement dit est sur le trajet du schéma, invariable ou changeant, aux images qui doivent le remplir.

Il s'en faut aussi que le schéma précède toujours l'image explicitement. M. Ribot a montré qu'il fallait distinguer deux formes de l'imagination créatrice, l'une intuitive, l'autre réfléchie. « La première va de l'unité aux détails… la seconde marche des détails à l'unité vaguement entrevue. Elle débute par un fragment qui sert d'amorce et se complète peu à peu… Képler a consacré une partie de sa vie à essayer des hypothèses bizarres jusqu'au jour où, ayant découvert l'orbite elliptique de Mars, tout son travail antérieur prit corps et s'organisa en système[81]. » En d'autres termes, au lieu d'un schéma unique, aux formes immobiles et raides, dont on se donne tout de suite la conception distincte, il peut y avoir un schéma élastique ou mouvant, dont l'esprit se refuse à arrêter les contours, parce qu'il attend sa décision des images mêmes que le schéma doit attirer pour se donner un corps. Mais, que le schéma soit fixe ou mobile, c'est pendant son développement en images que surgit le sentiment d'effort intellectuel.

En rapprochant ces conclusions des précédentes, on aboutirait à une formule du travail intellectuel, c'est-à-dire du mouvement d'esprit qui peut, dans certains cas, s'accompagner d'un sentiment d'effort : *Travailler intellectuellement consiste à conduire une même représentation à travers des plans de conscience différents dans une direction qui va de l'abstrait au concret, du schéma à l'image.* Reste à savoir dans quels cas spéciaux ce mouvement de l'esprit (qui enveloppe peut-être toujours un sentiment d'effort, mais souvent trop léger ou trop familier pour être perçu distinctement) nous donne la conscience nette d'un effort intellectuel.

À cette question le simple bon sens répond qu'il y a effort, en plus du travail, quand le travail est difficile. Mais à quel signe reconnaît-on la difficulté du travail ? À ce que le travail « ne va pas tout seul », à ce qu'il éprouve une gêne ou rencontre un obstacle, enfin à ce qu'il met plus de temps qu'on ne voudrait à atteindre le but. Qui dit effort dit ralentissement et retard. D'autre part, on pourrait s'installer dans le schéma et attendre indéfiniment l'image, on pourrait ralentir indéfiniment le travail, sans se donner ainsi la conscience d'un effort. Il faut donc que le temps d'attente soit *rempli* d'une certaine manière, c'est-à-dire qu'une diversité toute particulière d'états s'y succèdent. Quels sont ces états ? Nous savons qu'il y a ici mouvement du schéma aux images, et que l'esprit ne travaille que dans la conversion du schéma en images. Les états par lesquels il passe correspondent donc à autant d'essais tentés par des images pour s'insérer dans le schéma, ou encore, dans certains cas au moins, à autant de modifications acceptées par le schéma pour obtenir la traduction en images. Dans cette hésitation toute spéciale doit se trouver la caractéristique de l'effort intellectuel.

Je ne puis mieux faire que de reprendre ici, en l'adaptant aux considérations qu'on vient de lire, une idée intéressante et profonde émise par M. Dewey dans son étude sur la psychologie de l'effort[82]. Il y aurait effort, d'après M. Dewey, toutes les fois que nous faisons servir des habitudes acquises à l'apprentissage d'un exercice nouveau. Plus particulièrement, s'il s'agit d'un exercice du corps, nous ne pouvons l'apprendre qu'en utilisant ou en modifiant certains mouvements auxquels nous sommes déjà accoutumés. Mais l'habitude ancienne est là : elle résiste à la nouvelle habitude que nous voulons contracter au moyen d'elle. L'effort ne ferait que manifester cette lutte de deux habitudes, à la fois différentes et semblables.

Exprimons cette idée en fonction de schémas et d'images ; appliquons-la sous cette nouvelle forme à l'effort corporel, celui dont s'est surtout préoccupé l'auteur ; et voyons si l'effort corporel et l'effort intellectuel ne s'éclaireraient pas ici l'un l'autre.

Comment procédons-nous pour apprendre tout seuls un exercice complexe, tel que la danse ? Nous commençons par regarder danser. Nous obtenons ainsi une perception visuelle du mouvement de la valse, si c'est de la valse qu'il s'agit. Cette perception, nous la confions à notre mémoire ; et dès lors notre but sera d'obtenir de nos jambes des mouvements qui donnent à nos yeux une impression semblable à celle que notre mémoire avait gardée. Mais quelle était cette impression ? Dirons-nous que c'est une image nette, définitive, parfaite, du mouvement de la valse ? Parler ainsi serait admettre qu'on peut percevoir exactement le mouvement de la valse quand on ne sait pas valser. Or il est bien évident que si, pour apprendre cette danse, il faut commencer par la voir exécuter, inversement on ne la voit bien, dans ses détails et même dans son ensemble, que lorsqu'on a déjà quelque habitude de la danser. L'image dont nous allons nous servir n'est donc pas une image visuelle arrêtée : ce n'est pas une image arrêtée, puisqu'elle variera et se précisera au cours de l'apprentissage qu'elle est chargée de diriger ; et ce n'est pas non plus tout à fait une image visuelle, car si elle se perfectionne au cours de l'apprentissage, c'est-à-dire à mesure que nous acquérons les images motrices appropriées, c'est que ces images motrices, évoquées par elle mais plus précises qu'elle, l'envahissent et tendent même à la supplanter. À vrai dire, la partie utile de cette représentation n'est ni purement visuelle ni purement motrice ; elle est l'un et l'autre à la fois, étant le dessin de *relations*, surtout temporelles, entre les parties successives du mouvement à exécuter. Une représentation de ce genre, où sont surtout figurés des rapports, ressemble beaucoup à ce que nous appelions un schéma.

Maintenant, nous ne commencerons à savoir danser que le jour où ce schéma, supposé complet, aura obtenu de notre corps les mouvements successifs dont il propose le modèle. En d'autres termes, le schéma, représentation de plus en plus abstraite du mouvement à exécuter, devra se remplir de toutes les sensations motrices qui correspondent au mouvement s'exécutant. Il ne peut le faire qu'en évoquant une à une les représentations de ces sensations ou, pour parler comme Bastian, les « images kinesthésiques » des mouvements partiels, élémentaires, composant le mouvement total : ces souvenirs de sensations motrices, à mesure qu'ils se revivifient, se convertissent en sensations motrices réelles et par conséquent en mouvements exécutés. Mais encore faut-il que nous possédions ces images motrices. Ce qui revient à dire que, pour contracter l'habitude d'un mouvement complexe Comme celui de la valse, il faut avoir déjà l'habitude des mouvements élémentaires en lesquels la valse se décompose. De fait, il est aisé de voir que les mouvements auxquels nous procédons d'ordinaire pour marcher, pour nous soulever sur la pointe des pieds, pour pivoter sur nous-mêmes, sont ceux que nous utilisons pour apprendre à valser. Mais nous ne les utilisons pas tels quels. Il faut les modifier plus ou moins, infléchir chacun d'eux dans la direction du mouvement général de la valse, surtout les combiner entre eux d'une manière nouvelle. Il y a donc, d'un côté, la représentation schématique du mouvement total et nouveau, de l'autre les images kinesthésiques de mouvements anciens, identiques ou analogues aux mouvements élémentaires en lesquels le mouvement total a été analysé. L'apprentissage de la valse consistera à obtenir de ces images kinesthésiques diverses, déjà anciennes, une nouvelle systématisation qui leur permette de s'insérer ensemble dans le schéma. Il s'agit, ici encore, de développer un schéma en images. Mais l'ancien groupement lutte contre le groupement nouveau. L'habitude de marcher, par exemple, contrarie la tentative de danser. L'image kinesthésique totale de la marche nous empêche de constituer tout de suite, avec les images kinesthésiques élémentaires de la marche et telles ou telles autres, l'image kinesthésique totale de la danse. Le schéma de la danse n'arrive pas du premier coup à se remplir des images appropriées. Ce retard causé par la nécessité où se trouve le schéma d'amener graduellement les images multiples élémentaires à un nouveau *modus vivendi* entre elles, occasionné aussi, dans bien des cas, par des modifications apportées au schéma pour le rendre développable en images, — ce retard *sui generis* qui est fait de tâtonnements, d'essais plus ou moins fructueux, d'adaptations des images au schéma et du schéma aux images, d'interférences ou de superpositions des images entre elles, — ce retard ne mesure-t-il pas l'intervalle entre la tentative pénible et l'exécution aisée, entre l'apprentissage d'un exercice et cet exercice lui-même ?

Or, il est facile de voir que les choses se passent de même dans tout effort pour apprendre et pour comprendre, c'est-à-dire, en somme, dans tout effort intellectuel. S'agit-il de l'effort de mémoire ? Nous avons montré qu'il se produit dans la transition du schéma à l'image. Mais il y a des cas où le développement du schéma en image est immédiat, parce qu'une seule image se présente pour remplir cet office. Et il en est d'autres où des images multiples, analogues entre elles, se présentent concurremment. En général, quand plusieurs images différentes sont sur les rangs, c'est qu'aucune d'elles ne satisfait entièrement aux conditions du schéma. Et c'est pourquoi, en pareil cas, le schéma peut avoir à se modifier lui-même pour obtenir le développement en images. Ainsi, quand je veux me remémorer un nom propre, je m'adresse d'abord à l'impression générale que j'en ai gardée ; c'est elle qui jouera le rôle de « schéma dynamique ». Aussitôt, diverses images élémentaires, correspondant par exemple à certaines lettres de l'alphabet, se présentent à mon esprit. Ces lettres cherchent soit à se composer ensemble, soit à se substituer les unes aux autres, de toute manière à s'organiser selon les indications du schéma. Mais souvent, au cours de ce travail, se révèle l'impossibilité d'aboutir à une forme d'organisation viable. De là une modification graduelle du schéma, exigée par les images mêmes qu'il a suscitées et qui peuvent très bien, néanmoins, avoir à se transformer ou même à disparaître à leur tour. Mais, soit que les images s'arrangent simplement entre elles, soit que schéma et images aient à se faire des concessions réciproques, toujours l'effort de rappel implique un écart, suivi d'un rapprochement graduel, entre le schéma et les images. Plus ce rapprochement exige d'allées et venues, d'oscillations, de luttes et de négociations, plus s'accentue le sentiment de l'effort.

Nulle part ce jeu n'est aussi visible que dans l'effort d'invention. Ici nous avons le sentiment net d'une forme d'organisation, variable sans doute, mais antérieure aux éléments qui doivent s'organiser, puis d'une concurrence entre les éléments eux-mêmes, enfin, si l'invention aboutit, d'un équilibre qui est une adaptation réciproque de la forme et de la matière. Le schéma varie de période à période ; mais dans chacune des périodes il reste relativement fixe, et c'est aux images de s'y ajuster. Tout se passe comme si l'on tendait une rondelle de caoutchouc dans divers sens en même temps pour l'amener à prendre la forme géométrique de tel ou tel polygone. En général, le caoutchouc se rétrécit sur certains points à mesure qu'on l'allonge sur d'autres. Il faut s'y reprendre, fixer chaque fois le résultat obtenu : encore peut-on avoir, pendant cette opération, à modifier la forme assignée au polygone d'abord. Ainsi pour l'effort d'invention, soit qu'il tienne en quelques secondes, soit qu'il exige des années.

Maintenant, ce va-et-vient, entre le schéma et les images, ce jeu des images se composant ou luttant entre elles pour entrer dans le schéma, enfin ce mouvement *sui generis* de représentations fait-il partie intégrante du *sentiment*que nous avons de l'effort ? S'il est présent partout où nous éprouvons le sentiment de l'effort intellectuel, s'il est absent lorsque ce sentiment fait défaut, peut-on admettre qu'il ne soit pour rien dans le sentiment lui-même ? Mais, d'autre part, comment un jeu de représentations, un mouvement d'idées, pourrait-il entrer dans la composition d'un sentiment ? La psychologie contemporaine incline à résoudre en sensations périphériques tout ce qu'il y a d'affectif dans l'affection. Et, même si l'on ne va pas aussi loin, il semble bien que l'affection soit irréductible à la représentation. Entre la nuance affective qui colore tout effort intellectuel et le jeu très particulier de représentations que l'analyse y découvre, quel est alors exactement le rapport ?

Nous ne ferons aucune difficulté pour reconnaître que, dans l'attention, dans la réflexion, dans l'effort intellectuel en général, l'affection éprouvée peut se résoudre en sensations périphériques. Mais il ne suivrait pas de là que le « jeu de représentations » signalé par nous comme caractéristique de l'effort intellectuel ne se fît pas sentir lui-même dans cette affection. Il suffirait d'admettre que le jeu de sensations répond au jeu de représentations et lui fait écho, pour ainsi dire, dans un autre ton. Cela est d'autant plus aisé à comprendre qu'il ne s'agit pas ici, en réalité, d'une représentation, mais d'un *mouvement de représentations*, d'une lutte ou d'une interférence de représentations entre elles. On conçoit que ces oscillations mentales aient leurs harmoniques sensorielles. On conçoit que cette indécision de l'intelligence se continue en une*inquiétude* du corps. Les sensations caractéristiques de l'effort intellectuel exprimeraient cette suspension et cette inquiétude mêmes. D'une manière générale, ne pourrait-on pas dire que les sensations périphériques que l'analyse découvre dans une émotion sont toujours plus ou moins symboliques des représentations auxquelles cette émotion se rattache et dont elle dérive ? Nous avons une tendance à *jouer* extérieurement nos pensées, et la conscience que nous avons de ce jeu s'accomplissant fait retour, par une espèce de ricochet, à la pensée elle-même. De là l'émotion, qui a d'ordinaire pour centre une représentation, mais où sont surtout visibles les sensations en lesquelles cette représentation se

Henri Bergson

prolonge. Sensations et représentation sont d'ailleurs ici en continuité si parfaite qu'on ne saurait dire où l'une finit, où les autres
commencent. Et c'est pourquoi la conscience, se plaçant au milieu
et faisant une moyenne, érige le sentiment en état *sui generis*, intermédiaire entre la sensation et la représentation. Mais nous nous
bornons à indiquer cette vue sans nous y arrêter. Le problème que
nous posons ici ne peut être résolu d'une manière satisfaisante
dans l'état actuel de la science psychologique.

Il nous reste, pour conclure, à montrer que cette conception de
l'effort mental rend compte des principaux effets du travail intellectuel, et qu'elle est en même temps celle qui se rapproche le plus
de la constatation pure et simple des faits, celle qui ressemble le
moins à une *théorie*.

On s'accorde à reconnaître que l'effort donne à la représentation
une clarté et une distinction supérieures. Or, une représentation
est d'autant plus claire qu'on y relève un plus grand nombre de détails, et elle est d'autant plus distincte qu'on l'isole et qu'on la différencie mieux de toutes les autres. Mais si l'effort mental consiste en
une série d'actions et de réactions entre un schéma et des images,
on comprend que ce mouvement intérieur aboutisse, d'une part, à
mieux isoler la représentation, et, d'autre part, à l'étoffer davantage.
La représentation s'isole de toutes les autres, parce que le schéma
organisateur rejette les images qui ne sont pas capables de le développer, et confère ainsi une individualité véritable au contenu
actuel de la conscience. Et, d'autre part, elle se remplit d'un nombre
croissant de détails, parce que le développement du schéma se fait
par l'absorption de tous les souvenirs et de toutes les images que
ce schéma peut s'assimiler. Ainsi, dans l'effort intellectuel relativement simple qu'est l'attention donnée à une perception, il semble
bien, comme nous le disions, que la perception brute commence
par suggérer une hypothèse destinée à l'interpréter, et que ce schéma attire alors à lui des souvenirs multiples qu'il essaie de faire
coïncider avec telles ou telles parties de la perception elle-même.
La perception s'enrichira de tous les détails évoqués par la mémoire
des images, tandis qu'elle se distinguera des autres perceptions par
l'étiquette simple que le schéma aura commencé, en quelque sorte,
par coller sur elle.

On a dit que l'attention était un état de monoïdéisme[83]. Et l'on a fait remarquer, d'autre part, que la richesse d'un état mental est en proportion de l'effort dont il témoigne. Ces deux vues sont aisément conciliables entre elles. Dans tout effort intellectuel il y a une multiplicité visible ou latente d'images qui se poussent et se pressent pour entrer dans un schéma. Mais, le schéma étant relativement un et invariable, les images multiples qui aspirent à le remplir sont ou analogues entre elles, ou coordonnées les unes aux autres. Il n'y a donc effort mental que là où il y a des éléments intellectuels en voie d'organisation. En ce sens, tout effort mental est bien une tendance au monoïdéisme. Mais l'unité vers laquelle l'esprit marche alors n'est pas une unité abstraite, sèche et vide. C'est l'unité d'une « idée directrice » commune à un grand nombre d'éléments organisés. C'est l'unité même de la vie.

D'un malentendu sur la nature de cette unité sont sorties les principales difficultés que soulève la question de l'effort intellectuel. Il n'est pas douteux que cet effort « concentre » l'esprit et le fasse porter sur une représentation « unique ». Mais de ce qu'une représentation est *une*, il ne suit pas que ce soit une représentation *simple*. Elle peut, au contraire, être complexe, et nous avons montré qu'il y a toujours complexité quand l'esprit fait effort, que là est même la caractéristique de l'effort intellectuel. C'est pourquoi nous avons cru pouvoir expliquer l'effort de l'intelligence sans sortir de l'intelligence même, par une certaine composition ou une certaine interférence des éléments intellectuels entre eux. Au contraire, si l'on confond ici unité et simplicité, si l'on s'imagine que l'effort intellectuel peut porter sur une représentation simple et la conserver simple, par où distinguera-t-on une représentation, quand elle est laborieuse, de cette même représentation, quand elle est facile ? par où l'état de tension différera-t-il de l'état de relâchement intellectuel ? Il faudra chercher la différence en dehors de la représentation elle-même. Il faudra la faire résider soit dans l'accompagnement affectif de la représentation, soit dans l'intervention d'une « force » extérieure à l'intelligence. Mais ni cet accompagnement affectif ni cet indéfinissable supplément de force n'expliqueront en quoi et pourquoi l'effort intellectuel est efficace. Quand viendra le moment de rendre compte de l'efficacité, il faudra bien écarter tout ce qui n'est pas représentation, se placer en face de la représentation elle-même, chercher une différence *interne* entre la représentation purement passive et la même représentation accompagnée d'effort. Et l'on s'apercevra nécessairement alors que cette représentation est un composé, et que les éléments de la représentation n'ont pas, dans les deux cas, le même rapport entre eux. Mais, si la contexture intérieure diffère, pourquoi chercher ailleurs que dans cette différence la caractéristique de l'effort intellectuel ? Puisqu'il faudra toujours finir par reconnaître cette différence, pourquoi ne pas commencer par là ? Et si le mouvement intérieur des éléments de la représentation rend compte, dans l'effort intellectuel, et de ce que l'effort a de laborieux et de ce qu'il a d'efficace, comment ne pas voir dans ce mouvement l'essence même de l'effort intellectuel ?

Dira-t-on que nous postulons ainsi la dualité du *schéma* et de *l'image*, en même temps qu'une *action* de l'un de ces éléments sur l'autre ?

Mais, d'abord, le schéma dont nous parlons n'a rien de mystérieux ni même d'hypothétique ; il n'a rien non plus qui puisse choquer les tendances d'une psychologie habituée, sinon à résoudre toutes nos représentations en images, du moins à définir toute représentation par rapport à des images, réelles ou possibles. C'est bien en fonction d'images réelles ou possibles que se définit le schéma mental, tel que nous l'envisageons dans toute cette étude. Il consiste en une *attente* d'images, en une attitude intellectuelle destinée tantôt à préparer l'arrivée d'une certaine image précise, comme dans le cas de la mémoire, tantôt à organiser un jeu plus ou moins prolongé entre les images capables de venir s'y insérer, comme dans le cas de l'imagination créatrice. Il est, à l'état ouvert, ce que l'image est à l'état fermé. Il présente en termes de *devenir,* dynamiquement, ce que les images nous donnent comme du *tout fait,* à l'état statique. Présent et agissant dans le travail d'évocation des images, il s'efface et disparaît derrière les images une fois évoquées, ayant accompli son œuvre. L'image aux contours arrêtés dessine ce qui a été. Une intelligence qui n'opérerait que sur des imagesde ce genre ne pourrait que, recommencer son passé tel quel, ou en prendre les éléments figés pour les recomposer dans un autre ordre, par un travail de mosaïque. Mais à une intelligence flexible, capable d'utiliser son expérience passée en la recourbant selon les lignes du présent, il faut, à côté de l'image, une représentation d'ordre différent toujours capable de se réaliser en images mais toujours distincte d'elles. Le schéma n'est pas autre chose.

L'existence de ce schéma est donc un fait, et c'est au contraire la réduction de toute représentation à des images solides, calquées sur le modèle des objets extérieurs, qui serait une hypothèse. Ajoutons que nulle part cette hypothèse ne manifeste aussi clairement son insuffisance que dans la question actuelle. Si les images constituent le tout de notre vie mentale, par où l'état de concentration de l'esprit pourra-t-il se différencier de l'état de dispersion intellectuelle ? Il faudra supposer que dans certains cas elles se succèdent sans intention commune, et que dans d'autres cas, par une inexplicable chance, toutes les images simultanées et successives se groupent de manière à donner la solution de plus en plus approchée d'un seul et même problème. Dira-t-on que ce n'est pas une chance, que c'est la ressemblance des images qui fait qu'elles s'appellent les unes les autres, mécaniquement, selon la loi générale d'association ? Mais, dans le cas de l'effort intellectuel, les images qui se succèdent peuvent justement n'avoir aucune similitude extérieure entre elles : leur ressemblance est tout intérieur ; c'est une identité de signification, une égale capacité de résoudre un certain problème vis-à-vis duquel elles occupent des positions analogues ou complémentaires, en dépit de leurs différences de forme concrète. Il faut donc bien que le problème soit représenté à l'esprit, et tout autrement que sous forme d'image. Image lui-même, il évoquerait des images qui lui ressemblent et qui se ressemblent entre elles. Mais puisque son rôle est au contraire d'appeler et de grouper des images selon leur puissance de résoudre la difficulté, il doit tenir compte de cette puissance des images, non de leur forme extérieure et apparente. C'est donc bien un mode de représentation distinct de la représentation imagée, quoiqu'il ne puisse se définir que par rapport à elle.

En vain on nous objecterait la difficulté de concevoir l'action du schéma sur les images. Celle de l'image sur l'image est-elle plus claire ? Quand on dit que les images s'attirent en raison de leur ressemblance, va-t-on au-delà de la constatation pure et simple du fait ? Tout ce que nous demandons est qu'on ne néglige aucune partie de l'expérience. À côté de l'influence de l'image sur l'image, il y a l'attraction ou l'impulsion exercée sur les images par le schéma. À côté du développement de l'esprit sur un seul plan, en surface, il y a le mouvement de l'esprit qui va d'un plan à un autre plan, en profondeur. À côté du mécanisme de l'association, il y a celui de l'effort mental. Les forces qui travaillent dans les deux cas ne diffèrent pas simplement par l'intensité ; elles diffèrent par la direction. Quant à savoir *comment* elles travaillent, c'est une question qui n'est pas du ressort de la seule psychologie : elle se rattache au problème général et métaphysique de la causalité. Entre l'impulsion et l'attraction, entre la cause « efficiente » et la « cause finale », il y a, croyons-nous, quelque chose d'intermédiaire, une forme d'activité d'où les philosophes ont tiré par voie d'appauvrissement et de dissociation, en passant aux deux limites opposées et extrêmes, l'idée de cause efficiente, d'une part, et celle de cause finale de l'autre. Cette opération, qui est celle même de la vie, consiste dans un passage graduel du moins réalisé au plus réalisé, de l'intensif à l'extensif, d'une implication réciproque des parties à leur juxtaposition. L'effort intellectuel est quelque chose de ce genre. En l'analysant, nous avons serré d'aussi près que nous l'avons pu, sur l'exemple le plus abstrait et par conséquent aussi le plus simple, cette matérialisation croissante de l'immatériel qui est caractéristique de l'activité vitale.

VII. LE CERVEAU ET LA PENSÉE : UNE ILLUSION PHILOSOPHIQUE [84]

L'idée d'une équivalence entre l'état psychique et l'état cérébral correspondant pénètre une bonne partie de la philosophie moderne. On a discuté sur les causes et sur la signification de cette équivalence plutôt que sur l'équivalence même. Pour les uns, elle tiendrait à ce que l'état cérébral se double lui-même, dans certains cas, d'une phosphorescence psychique qui en illumine le dessin. Pour d'autres, elle vient de ce que l'état cérébral et l'état psychologique entrent respectivement dans deux séries de phénomènes qui se correspondent point à point, sans qu'il soit nécessaire d'attribuer à la première la création de la seconde. Mais les une et les autres admettent l'équivalence ou, comme on dit plus souvent, le *parallélisme* des deux séries. Pour fixer les idées, nous formulerons la thèse ainsi : « Un état cérébral étant posé, un état psychologique déterminé s'ensuit. » Ou encore : « Une intelligence surhumaine, qui assisterait au chassé-croisé des atomes dont le cerveau humain est fait et qui aurait la clef de la psychophysiologie, pourrait lire, dans un cerveau qui travaille, tout ce qui se passe dans la conscience correspondante. » Ou enfin : « La conscience ne dit rien de plus que ce qui se fait dans le cerveau ; elle l'exprime seulement dans une autre langue ».

Sur les origines toutes métaphysiques de cette thèse il n'y a d'ailleurs pas de doute possible. Elle dérive en droite ligne du cartésianisme. Implicitement contenue (avec bien des restrictions, il est vrai) dans la philosophie de Descartes, dégagée et poussée à l'extrême par ses successeurs, elle a passé, par l'intermédiaire des médecins philosophes du XVIIIe siècle, dans la psychophysiologie de notre temps. Et l'on comprend aisément que les physiologistes l'aient acceptée sans discussion. D'abord ils n'avaient pas le choix, puisque le problème leur venait de la métaphysique, et que les métaphysiciens ne leur apportaient pas d'autre solution. Ensuite il était de l'intérêt de la physiologie de s'y rallier, et de procéder *comme* si elle devait, quelque jour, nous donner la traduction physiologique intégrale de l'activité psychologique : à cette condition seulement elle pouvait aller de l'avant, et pousser toujours plus loin l'analyse des conditions cérébrales de la pensée. C'était et ce peut être encore un excellent principe de recherche, qui signifiera qu'il ne faut pas trop se hâter d'assigner des limites à la physiologie, pas plus d'ailleurs qu'à aucune autre investigation scientifique. Mais l'affirmation dogmatique du parallélisme psychophysiologique est tout autre chose. Ce n'est plus une règle scientifique, c'est une hypothèse métaphysique. Dans la mesure où elle est intelligible, elle est la métaphysique d'une science aux cadres purement mathématiques, de la science telle qu'on la concevait au temps de Descartes. Nous croyons que les faits, examinés sans arrière-pensée de mécanisme mathématique, suggèrent déjà une hypothèse plus subtile relativement à la correspondance entre l'état psychologique et l'état cérébral. Celui-ci n'exprimerait de celui-là que les *actions* qui s'y trouvent préformées ; il en dessinerait les articulations motrices. Posez un fait psychologique, vous déterminez sans doute l'état cérébral concomitant. Mais la réciproque n'est pas vraie, et au même état cérébral correspondraient aussi bien des états psychologiques très divers. Nous ne reviendrons pas sur cette solution que nous avons exposée dans un travail antérieur. La démonstration que nous allons présenter en est d'ailleurs indépendante. Nous ne nous proposons pas ici, en effet, de substituer une certaine hypothèse à celle du parallélisme psychophysiologique, mais d'établir que celle-ci implique, sous sa forme courante, une contradiction fondamentale. Cette contradiction est d'ailleurs pleine d'enseignement. À bien l'apercevoir, on devine dans quelle direction il faut chercher la solution du problème, en même temps qu'on découvre le mécanisme d'une des plus subtiles illusions de la pensée métaphysique. Nous ne ferons donc pas œuvre purement critique ou destructive en la signalant.

Nous prétendons que la thèse repose sur une ambiguïté dans les termes, qu'elle ne peut pas s'énoncer correctement sans se détruire elle-même, que l'affirmation dogmatique du parallélisme psycho-physiologique implique un artifice dialectique par lequel on passe subrepticement d'un certain système de notation au système de notation opposé sans tenir compte de la substitution. Ce sophisme — ai-je besoin de le dire ? — n'a rien de voulu : il est suggéré par les termes mêmes de la question posée ; et il est si naturel à notre esprit que nous le commettrons inévitablement ; si nous ne nous imposons pas de formuler la thèse du parallélisme, *tour à tour*, dans les deux systèmes de notation dont la philosophie dispose.

Quand nous parlons d'objets extérieurs, nous avons le choix, en effet, entre deux systèmes de notation. Nous pouvons traiter ces objets et les changements qui s'y accomplissent comme des *choses*, ou comme des *représentations*. Et ces deux systèmes de notation sont acceptables l'un et l'autre, pourvu qu'on adhère strictement à celui qu'on aura choisi.

Essayons d'abord de les distinguer avec précision. Quand le réalisme parle de choses et l'idéalisme de représentations, ils ne discutent pas simplement sur des mots : ce sont bien là deux systèmes de notation différents, c'est-à-dire deux manières différentes de comprendre l'analyse du réel. Pour l'idéaliste, il n'y a rien de plus, dans la réalité, que ce qui apparaît à ma conscience ou à *la* conscience en général. Il serait absurde de parler d'une propriété de la matière qui ne pût pas devenir objet de représentation. Il n'y a pas de virtualité, ou du moins rien de définitivement virtuel dans les choses. Tout ce qui existe est actuel ou pourra le devenir. Bref, l'idéalisme est un système de notation qui implique que tout l'essentiel de la matière est étalé ou étalable dans la représentation que nous en avons, et que les articulations du réel sont celles mêmes de notre représentation. Le réalisme repose sur l'hypothèse inverse. Dire que la matière existe indépendamment de la représentation, c'est prétendre que sous notre représentation de la matière il y a une cause inaccessible de cette représentation, que derrière la perception, qui est de l'actuel, il y a des pouvoirs et des virtualités cachées : enfin c'est affirmer que les divisions et articulations visibles dans notre représentation sont purement relatives à notre manière de percevoir.

Nous ne doutons pas, d'ailleurs, qu'on ne puisse donner des définitions plus profondes des deux tendances réaliste et idéaliste, telles qu'on les retrouve à travers l'histoire de la philosophie. Nous-même, dans un travail antérieur, nous avons pris les mots « réalisme » et « idéalisme » dans un sens assez différent. Nous ne tenons donc nullement aux définitions que nous venons d'énoncer. Elles caractériseraient surtout un idéalisme à la Berkeley et le réalisme qui s'y oppose. Peut-être traduiraient-elles avec une précision suffisante l'idée qu'on se fait couramment des deux tendances, la part de l'idéalisme s'étendant aussi loin que celle du représentable, le réalisme revendiquant ce qui dépasse la représentation. Mais la démonstration que nous allons esquisser est indépendante de toute conception historique du réalisme et de l'idéalisme. À ceux qui contesteraient la généralité de nos deux définitions, nous demanderions de ne voir dans les mots *réalisme* et *idéalisme* que des termes conventionnels par lesquels nous désignerons, au cours de la présente étude, deux notations du réel, dont l'une implique la possibilité et l'autre l'impossibilité d'identifier les choses avec la représentation, étalée et articulée dans l'espace, qu'elles offrent à une conscience humaine. Que les deux postulats s'excluent l'un l'autre, qu'il soit illégitime, par conséquent, d'appliquer en même temps les deux systèmes de notation au même objet, tout le monde nous l'accordera. Or, nous n'avons pas besoin d'autre chose pour la présente démonstration.

Nous nous proposons d'établir les trois points suivants : 1° Si l'on opte pour la notation idéaliste, l'affirmation d'un parallélisme (au sens d'équivalence) entre l'état psychologique et l'état cérébral implique contradiction. 2° Si l'on préfère la notation réaliste, on retrouve, transposée, la même contradiction. 3° La thèse du parallélisme ne paraît soutenable que si l'on emploie en même temps, dans la même proposition, les deux systèmes de notation à la fois. Elle ne semble intelligible que si, par une inconsciente prestidigitation intellectuelle, on passe instantanément du réalisme à l'idéalisme et de l'idéalisme au réalisme, apparaissant dans l'un au moment précis où l'on va être pris en flagrant délit de contradiction dans l'autre. Nous sommes d'ailleurs ici naturellement prestidigitateurs, parce que le problème dont il s'agit, étant le problème psychophysiologique des rapports du cerveau et de la pensée, nous suggère par sa position même, les deux points de vue du réalisme et de l'idéalisme, le terme « cerveau » nous faisant songer à une *chose* et le terme « pensée » à de la *représentation*. On peut dire que l'énoncé de la question contient déjà, en puissance, l'équivoque par laquelle on y répondra.

Plaçons-nous donc d'abord au point de vue idéaliste, et considérons par exemple la perception des objets qui occupent, à un moment donné, le champ visuel. Ces objets agissent, par l'intermédiaire de la rétine et du nerf optique, sur les centres de la vision : ils y provoquent une modification des groupements atomiques et moléculaires. Quel est le rapport de cette modification cérébrale aux objets extérieurs ?

La thèse du parallélisme consistera à soutenir que nous pouvons, une fois en possession de l'état cérébral, supprimer par un coup de baguette magique tous les objets perçus sans rien changer à ce qui se passe dans la conscience, car c'est cet état cérébral causé par les objets, et non pas l'objet lui-même, qui détermine la perception consciente. Mais comment ne pas voir qu'une proposition de ce genre est absurde dans l'hypothèse idéaliste ? Pour l'idéalisme, les objets extérieurs sont des images et le cerveau est l'une d'elles. Il n'y a rien de plus dans les choses mêmes que ce qui est étalé ou étalable dans l'image qu'elles présentent. Il n'y a donc rien de plus dans un chassé-croisé d'atomes cérébraux que le chassé-croisé de ces atomes. Puisque c'est là tout ce qu'on a supposé dans le cerveau, c'est là tout ce qui s'y trouve et tout ce qu'on en peut tirer. Dire que l'image du monde environnant sort de cette image, ou qu'elle s'exprime par cette image, ou qu'elle surgit dès que cette image est posée, ou qu'on se la donne en se donnant cette image, serait se contredire soi-même, puisque ces deux images, le monde extérieur et le mouvement intracérébral, ont été supposées de même nature, et que la seconde image est, par hypothèse, une infime partie du champ de la représentation alors que la première remplit le champ de la représentation tout entier. Que l'ébranlement cérébral contienne virtuellement la représentation du monde extérieur, cela peut sembler intelligible dans une doctrine qui fait du mouvement quelque chose de *sous-jacent* à la représentation que nous en avons, un pouvoir mystérieux dont nous n'apercevons que l'effet produit sur nous. Mais cela apparaît tout de suite comme contradictoire dans la doctrine qui réduit le mouvement lui-même à une représentation, car c'est dire qu'un petit coin de la représentation est la représentation tout entière.

Je conçois bien, dans l'hypothèse idéaliste, que la modification cérébrale soit un *effet* de l'action des objets extérieurs, un mouvement reçu par l'organisme et qui va préparer des réactions appropriées : images parmi des images, images mouvantes comme toutes les images, les centres nerveux présentent des parties mobiles qui recueillent certains mouvements extérieurs et les prolongent en mouvements de réaction tantôt accomplis, tantôt commencés seulement. Mais le rôle du cerveau se réduit alors à subir certains effets des autres représentations, à en dessiner, comme nous le disions, les articulations motrices. C'est en cela que le cerveau est indispensable au reste de la représentation, et qu'il ne peut être lésé sans qu'une perturbation plus ou moins générale de la représentation s'ensuive. Mais il ne dessine pas les représentations elles-mêmes ; car il ne pourrait, lui représentation, dessiner le tout de la représentation que s'il cessait d'être une partie de la représentation pour devenir le tout lui-même. Formulée dans une langue rigoureusement idéaliste, la thèse du parallélisme se résumerait donc dans cette proposition contradictoire : *la partie est le tout.*

Mais la vérité est qu'on passe inconsciemment du point de vue idéaliste à un point de vue pseudo-réaliste. On a commencé par faire du cerveau une représentation comme les autres, enchâssée dans les autres représentations etinséparable d'elles : les mouvements intérieurs du cerveau, représentation parmi des représentations, n'ont donc pas à susciter les autres représentations, puisque les autres représentations sont données avec eux, autour d'eux. Mais insensiblement on arrive à ériger le cerveau et les mouvements intracérébraux en *choses*, c'est-à-dire en causes cachées derrière une certaine représentation et dont le pouvoir s'étend infiniment plus loin que ce qui en est représenté. Pourquoi ce glissement de l'idéalisme au réalisme ? Il est favorisé par bien des illusions théoriques ; mais on ne s'y laisserait pas aller aussi facilement si l'on ne s'y croyait encouragé par les faits.

À côté de la perception, en effet, il y a la mémoire. Quand je me remémore les objets une fois perçus, ils peuvent n'être plus là. Mon corps est resté seul ; et pourtant les autres images redeviendront visibles sous forme de souvenirs. Il faut donc bien, semble-t-il, que mon corps, ou quelque partie de mon corps, ait la puissance d'évoquer les autres images. Admettons qu'il ne les crée pas : du moins est-il capable de les susciter. Comment le ferait-il, si à un état cérébral déterminé ne correspondaient pas des souvenirs déterminés, et s'il n'y avait pas, en ce sens précis, parallélisme du travail cérébral et de la pensée ?

Nous répondrons que, dans l'hypothèse idéaliste, il est impossible de se représenter un objet en l'absence *complète* de l'objet lui-même. S'il n'y a rien de plus dans l'objet présent que ce qui en est représenté, si la présence de l'objet coïncide avec la représentation qu'on en a, toute partie de la représentation de l'objet sera, en quelque sorte, une partie de sa présence. Le souvenir ne sera plus l'objet lui-même, je le veux bien ; il lui manquera pour cela beaucoup de choses. D'abord il est fragmentaire ; il ne retient d'ordinaire que quelques éléments de la perception primitive. Ensuite il n'existe que pour la personne qui l'évoque, tandis que l'objet fait partie d'une expérience commune. Enfin, quand la représentation-souvenir surgit, les modifications concomitantes de la représentation-cerveau ne sont plus, comme dans le cas de la perception, des mouvements assez forts pour exciter la représentation-organisme à réagir immédiatement. Le corps ne se sent plus *soulevé* par l'objet aperçu, et comme c'est dans cette *suggestion d'activité* que consiste le *sentiment de l'actualité*, l'objet représenté n'apparaît plus comme actuel : c'est ce qu'on exprime en disant qu'il n'est plus présent. La vérité est que, dans l'hypothèse idéaliste, le

souvenir ne peut être qu'une pellicule détachée de la représentation primitive ou, ce qui revient au même, de l'objet. Il est toujours
présent, mais la conscience en détourne son attention tant qu'elle
n'a pas quelque raison de le considérer. Elle n'a intérêt à l'apercevoir
que lorsqu'elle se sent capable de l'utiliser, c'est-à-dire lorsque l'état
cérébral présent dessine déjà quelques-unes des réactions motrices
naissantes que l'objet réel (c'est-à-dire la représentation complète)
aurait déterminées : ce commencement d'activité du corps confère
à la représentation un commencement d'actualité. Mais il s'en faut
qu'il y ait alors « parallélisme » ou « équivalence » entre le souvenir et l'état cérébral. Les réactions motrices naissantes dessinent en
effet quelques-uns des effets possibles de la représentation qui va
réapparaître, et non pas cette représentation même ; et comme la
même réaction motrice peut suivre bien des souvenirs différents,
ce n'est pas un souvenir déterminé qui sera évoqué par un état déterminé du corps, ce sont au contraire bien des souvenirs différents
qui seront également possibles, et entre lesquels la conscience aura
le choix. Ils ne seront soumis qu'à une seule condition commune,
celle d'entrer dans le même cadre moteur : en cela consistera leur
« ressemblance », terme vague dans les théories courantes de l'association, et qui acquiert un sens précis quand on le définit par
l'identité des articulations motrices. Mais nous n'insisterons pas
sur ce point, qui a fait l'objet d'un travail antérieur. Qu'il nous suffise de dire que, dans l'hypothèse idéaliste, les objets perçus coïncident avec la représentation complète et complètement agissante,
les objets remémorés avec la même représentation incomplète et
incomplètement agissante, et que ni dans un cas ni dans l'autre
l'état cérébral n'équivaut à la représentation, puisqu'il en fait partie.
— Passons maintenant au réalisme, et voyons si la thèse du parallélisme psychophysiologique y va devenir plus claire.

Voici encore les objets qui peuplent le champ de ma vision ; voici
mon cerveau au milieu d'eux ; voici enfin, dans mes centres sensoriels, des déplacements de molécules et d'atomes occasionnés par
l'action des objets extérieurs. Du point de vue idéaliste, je n'avais
pas le droit d'attribuer à ces mouvements internes la mystérieuse
puissance de se doubler de la représentation des choses extérieures, car ils tenaient tout entiers dans ce qui en était représenté,
et puisque, par hypothèse, on se les représentait comme des mou-

vements de certains atomes du cerveau, ils étaient mouvements d'atomes du cerveau et rien autre chose. Mais l'essence du réalisme est de supposer derrière nos représentations une cause qui diffère d'elles. Rien ne l'empêchera, semble-t-il, de considérer la représentation des objets extérieurs comme impliquée dans les modifications cérébrales. Pour certains théoriciens, ces états cérébraux seront véritablement créateurs de la représentation, qui n'en est que l'« épiphénomène ». D'autres supposeront, à la manière cartésienne, que les mouvements cérébraux occasionnent simplement l'apparition des perceptions conscientes, ou encore que ces perceptions et ces mouvements ne sont que deux aspects d'une réalité qui n'est ni mouvement ni perception. Tous s'accorderont néanmoins à dire qu'à un état cérébral déterminé, correspond un état de conscience déterminé, et que les mouvements intérieurs de la substance cérébrale, considérés à part, livreraient, à qui saurait les déchiffrer, le détail complet de ce qui se passe dans la conscience correspondante.

Mais comment ne pas voir que la prétention de considérer à part le cerveau, à part le mouvement de ses atomes, enveloppe ici une contradiction véritable ? Un idéaliste a le droit de déclarer isolable l'objet qui lui donne une représentation isolée, puisque l'objet ne se distingue pas pour lui de la représentation. Mais le réalisme consiste précisément à rejeter cette prétention, à tenir pour artificielles ou relatives les lignes de séparation que notre représentation trace entre les choses, à supposer au-dessous d'elles un système d'actions réciproques et de virtualités enchevêtrées, enfin à définir l'objet, non plus par son entrée dans notre représentation, mais par sa solidarité avec le tout d'une réalité inconnaissable en elle-même. Plus la science approfondit la nature du corps dans la direction de sa « réalité », plus elle réduit déjà chaque propriété de ce corps, et par conséquent son existence même, aux relations qu'il entretient avec le reste de la matière capable de l'influencer. À vrai dire, les termes qui s'influencent réciproquement — de quelque nom qu'on les appelle, atomes, points matériels, centres de forces, etc. — ne sont à ses yeux que des termes provisoires ; c'est l'influence réciproque ou *interaction* qui est pour elle la réalité définitive.

Or, vous avez commencé par vous donner un cerveau que des objets extérieurs à lui modifient, dites-vous, de manière à susciter des représentations. Puis vous avez fait table rase de ces objets extérieurs au cerveau et vous avez attribué à la modification cérébrale le pouvoir de dessiner, à elle seule, la représentation des objets. Mais, en retirant les objets qui l'encadrent, vous retirez aussi, bon gré mal gré, l'état cérébral qui leur emprunte ses propriétés et sa réalité. *Vous ne le conservez que parce que vous passez subrepticement au système de notation idéaliste, où l'on pose comme isolable en droit ce qui est isolé dans la représentation.*

Tenez-vous-en à votre hypothèse. Les objets extérieurs et le cerveau étant en présence, la représentation se produit. Vous devez dire que cette représentation n'est pas fonction de l'état cérébral tout seul, mais de l'état cérébral *et* des objets qui le déterminent, cet état et ces objets formant maintenant ensemble un bloc indivisible. La thèse du parallélisme, qui consiste à détacher les états cérébraux et à supposer qu'ils pourraient créer, occasionner, ou tout au moins exprimer, à eux seuls, la représentation des objets, ne saurait donc encore une fois s'énoncer sans se détruire elle-même. En langage strictement réaliste elle se formulerait ainsi : Une *partie, qui doit tout ce qu'elle est au reste du tout, peut être conçue comme subsistant quand le reste du tout s'évanouit.* Ou encore, plus simplement : *Une relation entre deux termes équivaut à l'un d'eux.*

Ou les mouvements d'atomes qui s'accomplissent dans le cerveau sont bien ce qu'ils étaient dans la représentation que nous en aurions, ou ils en diffèrent. Dans la première hypothèse, ils seront tels que nous les aurons perçus, et le reste de notre perception sera dès lors autre chose : il y aura, entre eux et le reste, un rapport de contenu à contenant. Tel est le point de vue idéaliste. Dans la seconde hypothèse, leur réalité intime est constituée par leur solidarité avec tout ce qui est derrière l'ensemble de nos autres perceptions ; et, par cela seul que nous considérons leur réalité intime, nous considérons le tout de la réalité avec lequel ils forment un système indivisé : ce qui revient à dire que le mouvement intracérébral, envisagé comme un phénomène isolé, s'évanouit, et qu'il ne peut plus être question de donner pour substrat à la représentation tout entière un phénomène qui n'en est qu'une partie, et une partie découpée artificiellement au milieu d'elle.

Mais la vérité est que le réalisme ne se maintient jamais à l'état pur. On peut poser l'existence du réel en général derrière la représentation : dès que l'on commence à parler d'une réalité en particulier, bon gré mal gré on fait plus ou moins coïncider la chose avec la représentation qu'on en a. Sur le fond de réalité cachée, où tout est nécessairement impliqué dans tout, le réalisme déroule les représentations explicites qui sont pour l'idéaliste la réalité même. Réaliste au moment où il pose le réel, il devient idéaliste dès qu'il en affirme quelque chose, la notation réaliste ne pouvant plus guère consister, dans les explications de détail, qu'à inscrire sous chaque terme de la notation idéaliste un *indice qui* en marque le caractère provisoire. Soit ; mais ce que nous avons dit de l'idéalisme va s'appliquer alors au réalisme qui a pris l'idéalisme à son compte. Et faire des états cérébraux l'équivalent des perceptions et des souvenirs reviendra toujours, de quelque nom qu'on appelle le système, à affirmer que la partie est le tout.

En approfondissant les deux systèmes, on verrait que l'idéalisme a pour essence de s'arrêter à ce qui est étalé dans l'espace et aux divisions spatiales, tandis que le réalisme tient cet étalage pour superficiel et ces divisions pour artificielles : il conçoit, derrière les représentations juxtaposées, un système d'actions réciproques, et par conséquent une *implication* des représentations les unes dans les autres. Comme d'ailleurs notre connaissance de la matière ne saurait sortir entièrement de l'espace, et que l'implication réciproque dont il s'agit, si profonde soit-elle, ne saurait devenir extraspatiale sans devenir extrascientifique, le réalisme ne peut dépasser l'idéalisme dans ses explications. On est toujours plus ou moins dans l'idéalisme (tel que nous l'avons défini) quand on fait œuvre de savant : sinon, on ne songerait même pas à considérer des parties isolées de la réalité pour les conditionner l'une par rapport à l'autre, ce qui est la science même. L'hypothèse du réaliste n'est donc ici qu'un idéal destiné à lui rappeler qu'il n'aura jamais assez approfondi l'explication de la réalité, et qu'il devra établir des relations de plus en plus intimes entre les parties du réel qui se juxtaposent à nos yeux dans l'espace. Mais cet idéal, le réaliste ne peut s'empêcher de l'hypostasier. Il l'hypostasie dans les représentations étalées qui étaient pour l'idéaliste la réalité même. Ces représentations deviennent alors pour lui autant de *choses,* c'est-à-dire de réservoirs contenant des virtualités cachées : ce qui lui permettra de considérer les mouvements intracérébraux (érigés cette fois en choses et non plus en simples représentations) comme renfermant en puissance la représentation tout entière. En cela consistera son affirmation du parallélisme psychophysiologique. Il oublie qu'il avait situé le réservoir hors de la représentation et non pas en elle, hors de l'espace et non pas dans l'espace, et qu'en tout cas son hypothèse consistait à supposer la réalité ou indivisée, ou articulée autrement que la représentation. En faisant correspondre à chaque partie de la représentation une partie de la réalité, il articule le réel comme la représentation, il déploie la réalité dans l'espace, et il abandonne son réalisme pour entrer dans l'idéalisme, où la relation du cerveau au reste de la représentation est évidemment celle de la partie au tout.

Vous parliez d'abord du cerveau tel que nous le voyons, tel que nous le découpons dans l'ensemble de notre représentation : ce n'était donc qu'une représentation, et nous étions dans l'idéalisme. Le rapport du cerveau au reste de la représentation était dès lors, nous le répétons, celui de la partie au tout. De là vous avez passé brusquement à une réalité qui *sous-tendrait* la représentation : soit, mais alors elle est subspatiale, ce qui revient à dire que le cerveau n'est pas une entité indépendante. Il n'y a plus maintenant que le tout de la réalité inconnaissable en soi, sur lequel s'étend le tout de notre représentation. Nous voilà dans le réalisme ; et, pas plus dans ce réalisme que dans l'idéalisme de tout à l'heure, les états cérébraux ne sont l'équivalent de la représentation : c'est, nous le répétons, le tout des objets perçus qui entrera encore (cette fois dissimulé) dans le tout de notre perception. Mais voici que, descendant au détail du réel, on continue à le composer de la même manière et selon les mêmes lois que la représentation, ce qui équivaut à ne plus les distinguer l'un de l'autre. On revient donc à l'idéalisme, et l'on devrait y rester. Point du tout. On conserve bien le cerveau tel qu'il est représenté, mais on oublie que, si le réel est déplié dans la représentation, *étendu* en elle et non *plus tendu* en lui, il ne peut plus receler les puissances et virtualités dont parlait le réalisme ; on érige alors les mouvements cérébraux en équivalents de la représentation entière. On a donc oscillé de l'idéalisme au réalisme et du réalisme à l'idéalisme, mais si rapidement qu'on s'est cru immobile et, en quelque sorte, à califourchon sur les deux systèmes réunis en un seul. Cette apparente conciliation de

Henri Bergson

deux affirmations inconciliables est l'essence même de la thèse du parallélisme.

Nous avons essayé de dissiper l'illusion. Nous ne nous flattons pas d'y avoir entièrement réussi, tant il y a d'idées, sympathiques à la thèse du parallélisme, qui se groupent autour d'elle et en défendent l'abord. De ces idées les unes ont été engendrées par la thèse du parallélisme elle-même ; d'autres au contraire, antérieures à elle, ont poussé à l'union illégitime d'où nous l'avons vue naître ; d'autres enfin, sans relations de famille avec elle, ont pris modèle sur elle à force de vivre à ses côtés. Toutes forment aujourd'hui autour d'elle une ligne de défense imposante, qu'on ne peut forcer sur un point sans que la résistance renaisse sur un autre. Citons en particulier :

1° L'idée implicite (on pourrait même dire inconsciente) d'une *âme cérébrale,* c'est-à-dire d'une concentration de la représentation dans la substance corticale. La représentation paraissant se déplacer avec le corps, on raisonne comme s'il y avait, dans le corps lui-même, l'équivalent de la représentation. Les mouvements cérébraux seraient ces équivalents. La conscience, pour percevoir l'univers sans se déranger, n'a plus alors qu'à se dilater dans l'espace restreint de l'écorce cérébrale, véritable « chambre noire » où se reproduit en réduction le monde environnant.

2° L'idée que toute causalité est mécanique, et qu'il n'y a rien dans l'univers qui ne soit calculable mathématiquement. Alors, comme nos actions dérivent de nos représentations (aussi bien passées que présentes), il faut sous peine d'admettre une dérogation à la causalité mécanique, supposer que le cerveau d'où part l'action contenait l'équivalent de la perception, du souvenir et de la pensée elle-même. Mais l'idée que le monde entier, y compris les êtres vivants, relève de la mathématique pure, n'est qu'une vue a *priori* de l'esprit, qui remonte aux cartésiens. On peut l'exprimer à la moderne, la traduire dans le langage de la science actuelle, y rattacher un nombre toujours croissant de faits observés (où l'on a été conduit par elle) et lui attribuer alors des origines expérimentales : la partie effectivement mesurable du réel n'en reste pas moins limitée, et la loi, envisagée comme absolue, conserve le caractère d'une hypothèse métaphysique, qu'elle avait déjà au temps de Descartes.

3° L'idée que, pour passer du point de vue (idéaliste) de la *repré-*

sentation au point de vue (réaliste) de la *chose en soi,* il suffit de substituer à notre représentation imagée et pittoresque cette même représentation réduite à un dessin sans couleur et aux relations mathématiques de ses parties entre elles. Hypnotisés, pour ainsi dire, par le vide que notre abstraction vient de faire, nous acceptons la suggestion de je ne sais qu'elle merveilleuse signification inhérente à un simple déplacement de points matériels dans l'espace, c'est-à-dire à une perception diminuée, alors que nous n'aurions jamais songé à doter d'une telle vertu l'image concrète, plus riche cependant, que nous trouvions dans notre perception immédiate. La vérité est qu'il faut opter entre une conception de la réalité qui l'éparpille dans l'espace et par conséquent dans la représentation, la considérant tout entière comme actuelle ou actualisable, et un système où la réalité devient un réservoir de puissances, étant alors ramassée sur elle-même et par conséquent extraspatiale. Aucun travail d'abstraction, d'élimination, de diminution enfin, effectué sur la première conception, ne nous rapprochera de la seconde. Tout ce qu'on aura dit du rapport du cerveau à la représentation dans un idéalisme pittoresque, qui s'arrête aux représentations immédiates encore colorées et vivantes, s'appliquera a *fortiori* à un idéalisme savant, où les représentations sont réduites à leur squelette mathématique, mais où n'apparaît que plus clairement, avec leur caractère spatial et leur extériorité réciproque, l'impossibilité pour l'une d'elles de renfermer toutes les autres. Parce qu'on aura effacé des représentations extensives, en les frottant les unes contre les autres, les qualités qui les différencient dans la perception, on n'aura pas avancé d'un pas vers une réalité qui a été supposée en tension, et d'autant plus réelle, par conséquent, qu'elle est plus inextensive. Autant vaudrait s'imaginer qu'une pièce de monnaie usée, en perdant la marque précise de sa valeur, a acquis une puissance indéfinie d'achat.

4° L'idée que, si deux touts sont solidaires, chaque partie de l'un est solidaire d'une partie déterminée de l'autre. Alors, comme il n'y a pas d'état de conscience qui n'ait son concomitant cérébral, comme une variation de l'état cérébral ne va pas sans une variation de l'état de conscience (quoique la réciproque ne soit pas nécessairement vraie dans tous les cas), comme enfin une lésion de l'activité cérébrale entraîne une lésion de l'activité consciente, on conclut qu'à une fraction quelconque de l'état de conscience correspond une partie déterminée de l'état cérébral, et que l'un des deux termes est par conséquent substituable à l'autre. Comme si l'on avait le droit d'étendre au détail des parties, rapportées chacune à chacune, ce qui n'a été observé ou inféré que des deux touts, et de convertir ainsi un rapport de solidarité en une relation d'équivalent à équivalent ! La présence ou l'absence d'un écrou peuvent faire qu'une machine fonctionne ou ne fonctionne pas : s'ensuit-il que chaque partie de l'écrou corresponde à une partie de la machine, et que la machine ait son équivalent dans l'écrou ? Or la relation de l'état cérébral à la représentation pourrait bien être celle de l'écrou à la machine, c'est-à-dire de la partie au tout.

Ces quatre idées elles-mêmes en impliquent un grand nombre d'autres, qu'il serait intéressant d'analyser à leur tour parce qu'on y trouverait autant d'harmoniques, en quelque sorte, dont la thèse du parallélisme donne le son fondamental. Nous avons simplement cherché, dans la présente étude, à dégager la contradiction inhérente à la thèse elle-même. Précisément parce que les conséquences où elle conduit et les postulats qu'elle recèle couvrent, pour ainsi dire, tout le domaine de la philosophie, il nous a paru que cet examen critique s'imposait, et qu'il pouvait servir de point de départ à une théorie de l'esprit, considéré dans ses rapports avec le déterminisme de la nature.

NOTES

1.   Cette conférence a été faite en anglais. Elle a paru dans cette langue, sous le titre deLife and Consciousness, dans le Hibbert Journal d'octobre 1911 ; elle a été reproduite dans le volume des « Huxley memorial lectures » publié en 1914. Le texte que nous donnons ici est tantôt la traduction, tantôt le développement de la conférence anglaise.

2.   Cette conférence a paru, avec d'autres études dues à divers auteurs, dans le volume intitulé. Le matérialisme actuel de la Bibliothèque de Philosophie scientifique, publiée sous la direction du Dr Gustave Le Bon (Flammarion, éditeur).

3.   Pour le développement de ce point, voir notre livre Matière et Mémoire, Paris, 1896 (principalement le second et le troisième chapitres).

4.   Encore ces états ne pourraient-ils être représentés que vaguement, grossièrement, tout état d'âme déterminé d'une personne déterminée étant, dans son ensemble, quelque chose d'imprévisible et de nouveau.

5.   Voir, sur ce point, Matière et Mémoire, chap. 1.

6.   Nous la donnons à la fin du volume. Voir le dernier essai.

7.   Encore ne tenons-nous pas compte de la coïncidence dans le temps, c'est-à-dire du fait que les deux scènes dont le contenu est identique ont choisi, pour apparaître, le même moment.

8.   Sur cette invention de la précision par les Grecs nous nous sommes appesanti dans diverses leçons professées an Collège de France, notamment dans nos cours de 1902 et 1903.

9.   L'idée que nous présentons Ici a fait du chemin depuis que nous la proposions dans cette conférence. La conception du sommeil-désintéressement s'est introduite en psychologie ; on a créé, pour désigner l'état général de la conscience du dormeur, le mot « désintérêt ». Sur cette conception M. Claparède a greffé une très intéressante théorie, qui voit dans le sommeil un moyen de défense de l'organisme, un véritable Instinct.

10.   « Je me trouvais couché dans ma chambre, ayant ma mère à mon chevet. Je rêve de la Terreur ; j'assiste à des scènes de massacre, je comparais devant le tribunal révolu¬tionnaire, je vois Robespierre, Marat, Fouquier-Tinville… ; je discute avec eux ; je suis jugé, condamné à mort, conduit en charrette sur la place de la Révolution ; je monte sur l'échafaud l'exécuteur me lie sur la planche fatale, il la fait basculer, le couperet tombe je sens ma tête se séparer de mon tronc, je m'éveille en proie à la plus vive angoisse, et je me sens sur le cou la flèche de mon lit qui s'était subitement détachée, et était tombée sur mes vertèbres cervicales, à la façon du couteau d'une guillotine. Cela avait eu lieu à l'instant, ainsi que ma mère me le confirma, et cependant c'était cette sensation externe que J'avais prise… pour point de départ d'un rêve où tant de faits s'étaient succédé » (Maury, Le sommeil et les rêves, 4e éd., p. 161).

11.   Il faudrait parler ici de ces tendances réprimées auxquelles l'école de Freud a consacré un si grand nombre d'études. À l'époque où fut faite la présente conférence, l'ouvrage de Freud sur les rêves avait paru, mais la « psycho-analyse » était très loin de son dévelop¬pement actuel.

12.   Cette étude a paru dans la Revue philosophique de décembre 1908.

13.   Le mot a été créé par M. Dugas (Un cas de dépersonnalisation, Revue philos., vol. XLV, 1898, p. 500-507).

14,   L'illusion de fausse reconnaissance, Paris, 1898, p. 176.

15.   Arnaud, Un cas d'illusion de « déjà vu », Annales médico-psychologiques, 8e série, vol. III, 1896, p. 455-470.

Henri Bergson

16.   Arch. f. Psychiatrie, vol. VI, 1876, p. 568-574.

17.   Arch. f. Psychiatrie, vol. XVIII, 1887, p. 428.

18.   Forel, Das Gedächtnis und seine Abnormitäten, Zürich, 1885, pp. 44-45.

19.   Journal of nervous and mental diseases, 1904, vol. XXXI, p. 577-587 et 639-659.

20.   Jahrb. f. Psychiatrie u. Neurologie, vol. XV, 1901, p. 1-35.

21.   P. Janet, Les obsessions et la psychasthénie, 1903, vol. I, p. 287 et suiv. Cf. « À propos du déjà vu », Journal de Psychologie, vol. II, 1905, pp. 139-166.

22.   Il faut remarquer que la plupart des auteurs considèrent la fausse reconnaissance comme une illusion très répandue. Wigan pensait que tout le monde y est sujet. Kraepelin dit que c'est un phénomène normal. Jensen prétend qu'il n'est presque aucune personne, faisant attention à elle-même, qui ne connaisse l'illusion.

23.   Arch. f. Psychiatrie, vol. IV, 1874, p. 244-253.

24.   Höffding, Psychologie, p. 166-167.

25.   LeLorrain, À propos de la paramnésie, Rev. philosophique, vol. XXXVII, 1894, p. 208-210.

26.   Bourdon, Sur la reconnaissance des phénomènes nouveaux, Rev. philos., vol. XXXVI, 1893, p. 629-631. Ce n'est là d'ailleurs qu'une partie de la thèse de M. Bourdon.

27.   Bélugou, Sur un cas de paramnésie, Rev, philos., vol. LXIV, 1907, p. 282-284. M. Bélugou distingue d'ailleurs deux espèces de paramnésie.

28.   J. Sully, Les illusions des sens et de l'esprit, p. 198.

29.   Lapie, Note sur la paramnésie, Rev. philos., vol. XXXVII, 1894, p. 351-352.

30.   Grasset, La sensation du « déjà vu », Journal de Psychologie, janvier 1904, p. 17-27.

31.   L'idée d'une ressemblance de coloration affective appartient plus particulièrement à M. Boirac, Rev. philos., 1876, vol. I, p. 431.

32.   Ribot et William James, qui ont pensé à une explication de ce genre, ont eu soin d'ajouter qu'ils ne la proposaient que pour un certain nombre de Cas (Ribot, Les maladies de la mémoire, 1881, p. 150 ; William James, Principles of psychology, 1890, vol. I, p. 675, note).

33.   Arch. f. Psychiatrie, vol. XVIII, 1887, p. 409-436.

34.   L'hypothèse de Grasset, d'après laquelle la première expérience aurait été enregistrée par l'inconscient, échapperait, à la rigueur, aux deux dernières objections, mais non pas à la première.

35.   A.-L. Wigan, A new view of insanity : the duality of the mind, London, 1884, p. 85.

36.   Allg. Zeitschr. f.. Psychiatrie, vol. XXV, 1868, p. 48-63.

37.   Fouillée, La mémoire et la reconnaissance des souvenirs, Revue des Deux Mondes,1885, vol. LXX, p. 154.

38.   Arch. f. Psychiatrie, vol. VIII, 1878, p. 57-64.

39.   Piéron, Sur l'interprétation des faits de paramnésie, Rev. philos., vol. LIV, 1902, p. 160-163.

40.   Lalande, Des paramnésies, Rev. philos., vol. XXXVI, 1893, p. 485-497.

41.   Arnaud, Un cas d'illusion du « déjà vu » ou de « fausse mémoire », Annales médico-psychologiques, 8e série, vol. III, 1896, p. 455.

42.   Myers, The subliminal self, Proc. of the Society for psychical research., vol. XI, 1895, p. 343.

43.   Lemaître, Des phénomènes de paramnésie, Archives de psychologie, vol. III, 1903, p. 101-110.

44.   Dugas, Sur la fausse mémoire, Rev. philos., vol. XXXVII, 1894, pp. 34-35.

45.   Ribot, Les maladies de la mémoire, p. 152.

46.   E. Bernard-Leroy, L'illusion de fausse reconnaissance, Paris, 1898. La lecture de ce livre, qui contient un grand nombre d'observations inédites, est indispensable à quiconque veut se faire une idée précise de la fausse reconnaissance. — Dans sonÉtude sur les illusions du temps des rêves, thèse de médecine Paris, 1900, Mlle J. Tobolowska adopte les conclusions de M. Bernard-Leroy.

47.   Matière et mémoire, Paris, 1896, p. 93 et suiv.

48.   Ouvrage cité, p. 24.

49.   Matière et Mémoire, Paris, 1896, en particulier p. 184-195.

50.   P. Janet, Les obsessions et la psychasthénie, vol. I, Paris, 1903, p. 287 et suiv. Cf. « À propos du déjà vu », Journal de psychologie, vol. II, 1905, p. 289-307.

51.   Léon-Kindberg, Le sentiment du déjà vu et l'illusion de fausse reconnaissance, Revue de psychiatrie, 1903, p. 139-166.

52.   Zeitschr. f. Psychologie, vol. XXXVI, 1904, p. 321-343.

53.   Dromard et Albès, Essai théorique sur l'illusion dite de fausse reconnaissance,Journal de psychologie, vol. II, 1904, p. 216-228.

54.   C'est également par un « abaissement de ton vital » qu'on a expliqué la « déperson¬nalisation ». Voir, à ce sujet, Dugas, Un cas de dépersonnalisation, Rev. philos., vol. XLV, 1898, p. 500-507.

55.   Voir Matière et Mémoire, Paris, 1896, chap. III, en particulier p. 192-

193.

56.   Pages 139, 144 et suiv. Cf. tout le premier chapitre.

57.   Voir, en particulier, les observations recueillies par Bernard-Leroy, op. cit., p. 182, 185, 176, 232, etc.

58.   Ibid., p. 186.

59.   Lalande, Des paramnésies, Rev. philos., vol. XXXVI, 1893, p. 487.

60.   Jensen, art. cit., p. 57.

61.   F. Gregh, cité par Bernard-Leroy, p. 183.

62.   Observation recueillie par M. Bernard-Leroy, op. cit., p. 169.

63.   Zeitschr. f. Psychologie, vol. 36, 1904, p. 321-343 ; et vol. 43, 1906, pp. 1-17.

64.   Voir en particulier les auto-observations de Kraepelin et de MM. Dromard et Albès, articles cités.

65.   Cette étude a paru dans la Revue philosophique de janvier 1902.

66.   Matière et Mémoire, Paris, 1896, ch. II et III.

67.   Zeitschr. f. Psychologie, octobre 1896.

68.   Robert Houdin, Confidences, Paris, 1861, t. I, p. 8 et suiv.

69.   Prendergast, Handbook of the mastery series, London, 1868.

70.   Audibert, Traité de mnémotechnie générale, Paris, 1840, p. 173.

71.   André, Mnémotechnie rationnelle, Angers, 1894.

72.   W. James, Principles of Psychology, vol. I, p. 667 (note).

73.   Binet, Psychologie des grands calculateurs et joueurs d'échecs, Paris, 1894.

74.   Taine, De l'intelligence, Paris, 1870, t. I, p. 81 et suiv.

75.   Matière et Méritoire, p. 89-141.

76.   Kussmaul, Les troubles de la parole, Paris, 1884, p. 233 ; Allen Starr, Apraxia and Aphasia, Medical Record, octobre 1888. — Cf. Laquer, Neurolog. Centralblatt, juin 1888 ; Nodet, Les agnoscies, Paris, 1899 ; et Claparède, Revue générale sur l'Agnosie, Année psychologique, VI, 1900, p. 85 et suiv.

77.   Robertson, Reflex Speech, Journal of mental Science, avril 1888 ; Féré, Le langage réflexe, Revue philosophique, janvier 1896.

78.   Lewes, Problems of Lie and Mind. Londres, 1879, t. III, p. 106.

79.   Ribot, L'imagination créatrice, Paris, 1900, p. 130.

80.   Paulhan, Psychologie de l'invention, Paris, 1901, ch. IV.

81.   Ribot, op. cit., p. 133.

NOTES

82.   Dewey, The psychology of effort, Philosophical Review, janvier 1897.

83.   Ribot, Psychologie de l'attention, Paris, 1889, p. 6.

84.   Mémoire lu au Congrès de Philosophie de Genève en 1904 et publié dans la Revue de métaphysique et de morale sous ce titre : Le paralogisme psycho-physiologique.

ISBN : 978-1523955787

Henri Bergson